Elisa Morgan & Carol Kuykendall

Und plötzlich sind wir Eltern

(Überlebens-)Tipps für frisch gewickelte Eltern

Elisa Morgan & Carol Kuykendall

Und plötzlich sind wir Eltern

(Überlebens-)Tipps für frisch gewickelte Eltern

SCHULTE & GERTH

Die amerikanische Originalausgabe erschien
im Verlag Zondervan unter dem Titel
„When Husband And Wife Become Mom And Dad".

Aus dem Amerikanischen übersetzt von Mechthild Bruchmann.
Die Edition „Neues Leben" wird herausgegeben von
Rainer Schacke. Sie erscheint in Zusammenarbeit mit dem
Magazin „Neues Leben" (Altenkirchen/Berlin).

Best.-Nr. 815 786
ISBN 3-89437-786-0
1. Auflage 2002
Coverphoto: Corbis Stock Market
Umschlaggestaltung: spoon, Olaf Johannson
Satz: Die Feder GmbH, Wetzlar
Druck und Verarbeitung: Schönbach Druck
Printed in Germany

Inhalt

Einleitung
Wie es beginnt ...

Wenn Eltern geboren werden

Jake und Abbie erwarteten ihr erstes Kind. Sie bereiteten alles sorgfältig für die Geburt vor. Sie besorgten die Babyausstattung mit einer Babydusche als Krönung, lasen zahllose Bücher und nahmen von allen Seiten Ratschläge entgegen, sogar von ihren Eltern, den „sich in guter Hoffnung befindenden Großeltern". Doch ihre Vorfreude auf den neuen Erdenbürger wurde trotz allem von einer inneren Ängstlichkeit und Unsicherheit begleitet. Abends im Bett sprachen sie bis tief in die Nacht über ihre Zukunft, streichelten Abbies Bauch und achteten gespannt auf jede Bewegung ihres ungeborenen Kindes.

Sie hatten sich kurz nach dem College kennen gelernt und schnell gewusst, dass sie füreinander wie geschaffen waren. Darum verlobten sie sich, heirateten schon bald und träumten von einer glücklichen Zukunft. Natürlich waren sie hin und wieder in Streit geraten, vor allem in den ersten Ehejahren, als sie sich noch auf die unterschiedlichen Erwartungen des Partners hatten einstellen müssen. Dabei war es um Fragen gegangen wie: „Wer kauft ein? Wer kocht? Und wer bezahlt die Rechnungen?" Inzwischen kennen sie viele verschiedene Ausdrucksmöglichkeiten ihrer Zuneigung und sie fühlen sich reif für ein Kind. Was heißt reif? Zumindest so reif wie junge Ehepaare sein können, wenn im nebulösen Unbekannten der Elternwunsch lauert.

Sie hatten im Laufe der Jahre gelernt, sich aufeinander einzuspielen und dabei hin und wieder richtige Hoch-Zeiten für sich entdeckt. Wird dieses Glück sich nun verändern? Wie wird es sein, wenn sie ihr Leben täglich vierundzwanzig Stunden mit einem Kind teilen müssen? Und was wird aus Abbies Arbeitsstelle? Und mit Jakes vielen Überstunden? Wie wird sie mit der zusätzlichen Arbeit, die ein Baby macht, fertig werden? Werden sie ihrem Kind genug Liebe entgegenbringen können – und wie viel Liebe bleibt am Ende für sie selbst übrig? Ja, das war die Frage, die sich am wenigsten beantworten ließ! Inwieweit wird ein Kind ihre Ehe verändern?

Die Wochen vergingen. Doch eines Tages machten heftige Wehen deutlich, dass es nun kein Zurück mehr gab. Das Kind hatte sich in Bewegung gesetzt. Es wollte ans Licht und zwar *jetzt* und sofort!

Abbie und Jake eilten ins Krankenhaus. Sie wurden aufgenommen. Gemeinsam kämpften sie fast zwölf Stunden lang, bis das neue Menschenkind das Licht der Welt erblickte. Und endlich legte der Arzt Abbie ein schrumpeliges, zappelndes, schlitzäugiges Baby – einen winzigen Jungen – in die Arme! Jake beugte sich über seine Frau und küsste die Wange seines Sohnes.

Aus diesem Paar war ein Trio geworden. Sie schauten einander in feuchte Augen, überwältigt von dem neuen Geschöpf, das durch ihre Liebe entstanden war. Leise dankten sie Gott, dass sie an dem Wunder seiner Schöpfung Anteil haben durften. Während sie auf ihr Kind blickten, ahnten sie vage die große Verantwortung, die sie in Zukunft in eine neue, noch unbekannte Beziehung drängen würde. Jake und Abbie hatten ihrer Ehe einen neuen Sinn und eine neue Aufgabe verliehen. Die Geburt ihres Sohnes war zugleich die Geburt ihrer neuen Beziehung: Aus Mann und Frau waren Vater und Mutter geworden.

Warum haben wir dieses Buch geschrieben?

Durch unsere Arbeit bei MOPS International, einer Organisation, die besonders Müttern von kleinen Kindern hilft, haben wir erfahren, dass junge Paare über die Veränderung einer Ehe nach der Geburt des ersten Kindes mehr erfahren möchten. In Briefen, E-Mails, Telefonanrufen, Gesprächen auf Konferenzen und in Supermärkten hören wir Äußerungen wie:

- „Was ist mit unserer Ehe passiert?“
- „Das ist nicht mehr der Mann, den ich geheiratet habe!“

- „Wir verhalten uns heute eher wie Kumpel als wie Liebende."
- „Es bleibt so wenig Zeit und Energie für uns beide."
- „Ich weiß einfach nicht, wie wir eine gute Ehe aufrechterhalten sollen, seitdem wir Kinder haben. Ich brauche Hilfe!"

Kinder verändern eine Ehe – vollständig und auf Dauer. Sie verändern uns individuell und als Paar. Aber sie fordern und stärken uns auch gleichzeitig. Und sie bringen unsere Ehe völlig durcheinander. Doch jetzt kommt die gute Nachricht: Ehen können durch unsichere Zeiten der Veränderung gestärkt werden.

Innerhalb des gesamten Buches werden wir immer wieder als Symbol für die Familie ein hübsch anzusehendes und sich immerwährend bewegendes Mobile benutzen. In dem Buch von Edith Schaeffer *What Is a Family?* (Was ist eine Familie) lernten wir zum ersten Mal diese Analogie kennen. Edith Schaeffer vergleicht darin eine Familie mit „einem Mobile, mit einem im Werden begriffenen, sich ständig verändernden, wunderschönen Kunstwerk."[1] Wie die meisten Kunstwerke befindet sich ein fragiles und schönes Mobile – in diesem Fall die Familie – immerzu in der Gefahr, auseinander zu fallen.

Das Familien-Mobile entsteht mit der Hochzeit. Zunächst besteht es aus Mann und Frau, die durch einen (heißen) Draht und Fäden der Liebe miteinander verbunden sind. Sie schwanken hin und her, während sie sich nach der Persönlichkeit des Partners, seinen Erwartungen, Überzeugungen und Werten ausrichten. Diese Schwankungen sind ganz natürlich, bis sie nach und nach ruhiger werden, sich ausbalancieren und schließlich ausgeglichen sind. Wird dem Mobile ein Kind hinzugefügt, braucht es einen neuen Draht und neue Fäden. Die alten sind ausgeleiert und alles gerät aus dem Gleichgewicht. Auch das ist normal. Aber die zweite Justierung ist ein wenig komplizierter. Jetzt hängen drei Leben aneinander, die sich ständig verändern und ausgeglichen werden wollen. Und dann kommt nach einer Weile vielleicht noch ein viertes oder sogar fünftes Leben hinzu. Verständlicherweise wird es knifflig, diese zusätzlichen Gewichte, die nun an dem ursprünglichen Ehebogen hängen, auszubalancieren. Es ist nicht einfach, ja eine Herausforderung, immer die richtige Balance zu finden.

Männer und Frauen brauchen Hilfe, die Veränderung von Ehemann und Ehefrau zu Vater und Mutter zu verstehen und damit fertig zu werden. Deshalb möchte dieses Buch Klarheit, Hilfe und Hoffnung in die einzigartige Veränderung einer jungen Familie bringen.

Wir wollten in diesem Buch sehr ehrlich sein und Ihre wahren Gefühle ansprechen. Darum haben wir tausend Fragebögen an frisch gebackene Mütter und Väter überall in den USA verschickt. Wir haben sie gefragt: *Welche Veränderung war die beste und schwierigste in Ihrer Ehe, seitdem Sie Kinder haben? Welche Eheversprechen, die Sie sich zur Hochzeit gaben, haben sich in ihrer Bedeutung verändert, seitdem Sie Kinder haben? Hat sich bei Ihnen etwas an Ihren Verpflichtungen geändert? Was brauchen Sie am meisten von Ihrem Mann/Ihrer Frau, seitdem Sie Kinder haben?* Die vielen offenen und ehrlichen Antworten von Ehemännern und -frauen (die inzwischen wie Sie Mütter und Väter sind) werden Sie ab und an in unserem Buch wiederfinden.

Aufgrund der Fragebögen und unserer 26-jährigen Erfahrung in der Arbeit mit Müttern und Vätern von Vorschulkindern haben wir herausgefunden, was eine Ehe mit kleinen Kindern dringend braucht. Das sind:

- Ausgeglichenheit
- Verbindlichkeit
- wechselseitige Abhängigkeit (Interdependenz)
- Intimität
- Ziele
- Hoffnung

Jedem dieser sechs Bedürfnisse haben wir je ein Kapitel gewidmet. Dabei erklären wir zunächst das jeweilige Bedürfnis anhand eines Beispiels und stellen dann heraus, warum in einer Ehe mit Kindern gerade dieses Bedürfnis besteht. Und wir geben Hinweise, wie man diesen Wünschen innerhalb einer Ehe begegnen kann. Am Schluss eines jeden Kapitels finden Sie einen Abschnitt mit der Bezeichnung „Mobilmacher“. Diese Mobilmacher sollen Ihnen und Ihrem Ehepartner dabei behilflich sein, praktische Lösungen zu entwickeln, wie Sie dem zuvor besprochenen Bedürfnis gerecht werden können. Auf diese Weise wir Ihre Ehe leichter den Stürmen standhalten können. Und weil wir uns und unsere Probleme oft zu ernst nehmen und unausgeglichen werden, trägt auch der erste Mobilmacher in jedem Kapitel die Überschrift „Zum Schmunzeln". Wieder andere Mobilmacher greifen Fragen auf, über die man als Ehepaar einmal gemeinsam sprechen sollte oder geben praktische Ratschläge. Auf jeden Fall sollen alle für Sie Gedankenanstöße sein oder Ihnen Anregung geben, wie Sie direkt mit Ihrem Partner oder innerhalb eines Gesprächskreises über Ihre Bedürfnisse reden können.

Mit der Geburt eines Babys kommt nicht nur ein neuer Erdenbürger zur Welt, es werden zugleich auch Vater und Mutter in die Ehe hineingeboren. Dabei ist es unvermeidlich, dass eine Ehe „Wellen schlägt" und die Ehepartner sich neu auf Veränderungen einstellen müssen. Fragen wie: „Wer bin ich?", „Wer bist du?", „Wie wollen wir in Zukunft Hand in Hand arbeiten?", ergeben sich vollkommen neu, sobald ein Kind zur Welt gekommen ist. Ja, es stimmt, ein Kind verändert eine Ehe *grundlegend*. Doch in jedem Fall können Ehepaare dazu beitragen, dass diese Veränderung auch eine *gute* Veränderung wird.

Eine Ehe mit Kindern ist ein (Kunst)werk, das erst nach und nach Gestalt annimmt. Es ist keine leichte Sache. Allerdings steckt in der Arbeit an diesem Werk ein großes Potenzial, das die Beziehung immer fester und tiefer werden lässt. Wer die Verwandlung von Mann und Frau zu Vater und Mutter richtig versteht, legt damit den Grundstein zu einer erfüllten und vitalen Beziehung, die auch in den kommenden Jahren Bestand haben wird.

Herzlichst Ihre
Elisa Morgan und Carol Kuykendall

Was eine Ehe dringend braucht

Wir haben Männer und Frauen gefragt: „Was braucht Ihre Ehe am dringendsten, seitdem Sie Kinder haben?“

Ehemänner antworteten

- Zeit!
- Zeitabsprachen zwischen uns
- Zeit ohne die Kinder
- 36 Stunden jeden Tag und 8 Wochentage
- Romantik
- Teamarbeit
- Spontaneität
- Schlaf!
- Gefühlsmäßige Nähe
- Gebet
- Den Fernseher abschalten
- Zärtlichkeit
- Küsse, mehrmals täglich

Ehefrauen antworteten

- Zeit, Zeit und noch mehr Zeit
- Zeit allein mit meinem Mann
- Zeit allein – mit mir
- Bettruhe
- Hilfe bei der Hausarbeit
- Die Zusage, dass ich als Frau noch begehrenswert bin
- Verständnis
- Bestätigung
- Akzeptanz
- Sensibilität
- Zärtliche Berührungen
- Tiefe geistliche Gemeinschaft
- Geld – Kinder sind kostspielig

Die schönsten Veränderungen, die Kinder mit sich bringen

Wir fragten: „Welche Veränderung durch die Ankunft Ihrer Kinder gefällt Ihnen am besten?“

Ehemänner antworteten

- ➜ Dass ich unsere Kinder heranwachsen sehe.
- ➜ Dass man selbstloser wird.
- ➜ Dass wir eine gemeinsame Aufgabe haben.
- ➜ Dass man lernt, nicht mehr alles so ernst zu nehmen.
- ➜ Dass ich mit unseren Kindern lachen kann.
- ➜ Zu sehen, wie meine Frau als Mutter aufblüht.
- ➜ Dass wir eigene Kinderfreuden neu entdecken, wenn wir zuschauen, wie unsere Kinder auf Entdeckungsreisen gehen.
- ➜ Dass wir eine richtige Familie sind.

Ehefrauen antworteten

- ➜ Dass mein Mann ein zärtlicher, liebevoller, geduldiger Vater geworden ist.
- ➜ Dass wir durch unsere Kinder viele verschiedene Möglichkeiten der Liebe entdecken.
- ➜ Dass ich lerne, mehr zu spielen.
- ➜ Dass wir aus der Paarbeziehung zu einer Familie zusammenwachsen.
- ➜ Dass ich andere Seiten an meinem Mann entdecke.
- ➜ Dass man selbstloser wird.
- ➜ Dass ich Geduld lerne.
- ➜ Dass wir zu Gott zurückfinden.

Ausgeglichenheit
Die Balance wieder finden

Was ist nur mit unserer Ehe passiert?

Melanie hatte ihre fünf Tage alte Tochter gestillt und gewickelt. Behutsam legte sie nun die Kleine in das Körbchen neben ihrem Bett zurück. Ein Blick auf die Uhr: „Schon fast Zehn!" Sie unterdrückte ihren Wunsch, noch einmal unter die Bettdecke zu schlüpfen. Sie wollte nach Kevin sehen, der mit seinem Papa spielen durfte. Der Dreijährige sollte sich in diesen ersten Tagen mit seinem Schwesterchen nicht vernachlässigt fühlen. Er musste sich noch an das neue Baby im Haus gewöhnen. Melanie verließ sich dabei voll und ganz auf ihren Mann Scott, der sich um Kevin kümmern wollte.

Schon auf dem Treppenabsatz hörte sie den Fernseher plärren. Scott lungerte auf der Couch und döste vor sich hin, während Kevin auf den Bildschirm starrte und auf seinem Schnuller kaute, eine Angewohnheit, die sich in den letzten Tagen wieder verstärkt hatte. *So sieht also die wertvolle Zeit zwischen Vater und Sohn aus,* dachte Melanie und war verärgert.

Da klingelte das Telefon. Es war Scotts Mutter, die tausend Fragen zu dem Baby stellte und wie es ihnen so ginge. Und dann machte sie eine Bemerkung, die Melanies wachsende Frustration noch vergrößerte: „Ist es nicht herrlich, dass Scott sich frei genommen hat und dir in dieser Woche zu Hause hilft?" Der Stolz auf ihren Sohn, diese große Hilfe im Haushalt, war nicht zu überhören.

Hilfe? War von Hilfe die Rede gewesen? Melanie stöhnte leise auf, als sie sich umschaute. Körbe mit schmutziger Wäsche standen im Flur herum. Frühstücksgeschirr wartete auf den Abwasch. Hilfe? Bisher hatte ihr Mann acht Stunden lang ferngesehen, die meiste Zeit mit geschlossenen Augen. Er hatte zu ihr gesagt, dass er sich ausruhen müsse, damit er nach dieser Woche wieder fit für seine Arbeit sei.

Melanie murmelte ihrer Schwiegermutter kurz irgendetwas ins Ohr und legte nach wenigen Minuten den Hörer auf. Sie öffnete den Kühlschrank und suchte den Saft, den Scott „...ganz bestimmt morgen als Erstes besorgen wollte!" Sie fand keinen Saft. Stattdessen fand sie die Einkaufsliste. Sie lag immer noch genau dort auf dem Küchentisch, wo Scott sie am Abend zuvor hingelegt hatte. Es reichte ihr! Melanie rastete innerlich ein. Wütend zog sie sich die Schuhe an, schnappte sich eine Jacke, die ihr XXL-T-Shirt in etwa bedeckte, und griff nach Geldbörse und Einkaufsliste. Auf dem Weg zur Haustür umarmte sie Kevin und rüttelte Scott wach.

„Bin einkaufen. Allein. Das Kind schläft. Bis gleich."

Während sie ihren Wagen um die Straßenecke lenkte, wurde ihr bewusst, dass die Flucht in den Supermarkt sie nicht beruhigen würde. Was war mit ihr los? Was war mit ihrer Ehe los?

Zu Hause hatten die Schreie der TV-Superhelden Scotts Geister dankenswerterweise zum Leben erweckt. Er richtete sich verschlafen auf und suchte nach der Fernbedienung.

„Hey, Kevin. Komm, hol ein Puzzle, Schatz. Okay?" Kevin ließ seinen Schnuller fallen und krabbelte quer durchs Zimmer und holte einen Arm voll Holzpuzzle-Spiele. Damit kletterte er neben seinen Papa auf die Couch.

Während Scott die einfachen Figuren mit seinem Sohn zusammenlegte, dachte er über seinen Vormittag nach. Um vier Uhr war er mit Jessica aufgestanden und dann um sechs mit Kevin. Zum Frühstück hatte es Mikrowellen-Würstchen und Brötchen gegeben. Zwei Mal war ein Anruf aus seinem Büro gekommen. Er musste noch den Rasen mähen und den Papierkram erledigen. Aber das alles reichte offensichtlich nicht, um Melanie zufrieden zu stellen. Wow, war die eben geladen gewesen! Mit solchen Gefühlsausbrüchen musste er jetzt wohl häufiger rechnen. Das war in der ersten Zeit nach Kevins Geburt genauso gewesen. In den letzten Jahren hatte er eine Menge über Elternschaft und die Ehe mit Kindern gelernt. Vieles hatte er wegen seines Sohnes aufgegeben. Und nun würde ihm seine Tochter auch noch einiges mehr abverlangen!

Scott hatte manchmal einfach keine Lust mehr. Obwohl er seine Kinder liebte, musste er zugeben, dass er das sorgenfreie Leben, das er mit Melanie ohne Kinder geführt hatte, vermisste. Am Feierabend Fußballspiele mit seinen Freunden, bei denen Melanie normalerweise zuschaute. Anschließend Pizza essen, ohne auf die Uhr zu schauen, weil kein Babysitter wartete. Nicht nur Fernsehfilme im Pantoffelkino, sondern richtige Kinofilme im Filmtheater. Erholsame Abende mit Melanie und anderen kinderlosen Paaren verbringen! Die Freiheit, sich zu lieben, ohne gestört zu werden! Was war aus seinem Leben geworden? Was war aus seiner Ehe geworden?

Kinder verändern eine Ehe

Kinder. Wenn Mann und Frau Mama und Papa werden, machen sie eine Wandlung durch, die ihr Leben und ihre Ehe völlig und auf Dauer verändert. Für einige Ehepaare beginnt die starke Veränderung bereits mit dem Wissen, dass die Frau schwanger ist. Bei anderen Ehepaaren vollzieht sich die Wandlung eher unauffällig, sie schleicht sich allmählich ein und wird kaum wahrgenommen. Es kann sein, dass die Veränderung erst Monate nach der Geburt des

In den ersten neun Jahren waren wir wie Jungverliebte.
Dann kamen die Kinder, drei in vier Jahren.
Jetzt kämpfen wir um den Erhalt unserer Beziehung,
die zu einem Schatten von dem geworden ist, was sie einmal war.
Wir verhalten uns eher wie Kumpel, die kameradschaftlich miteinander auskommen, als wie Verliebte. Wir sind Geschäftspartner geworden,
die ihre Erziehungsaufgaben und ihren Haushalt managen.

***

Plötzlich dreht sich unser Leben nur noch um unser Kind und seine Bedürfnisse.
Alles andere zählt nicht mehr.

***

Irgendwann bestimmen nur noch die Kinder Ihre Ehe.

***

Kinder werden unweigerlich zur Nummer eins.

ersten oder manchmal sogar erst nach der Geburt des zweiten Kindes festgestellt wird. Die meisten Veränderungen liegen irgendwo in der Mitte. Aber in allen Ehen verändern Kinder ein Ehepaar und ihre Beziehung zueinander. Und das nicht nur auf eine bereichernde Weise, sondern auch durch Irritationen und mangelndes gegenseitiges Verständnis. Diese Veränderungen führen bei Mann und Frau, wie bei Melanie und Scott, zu der Frage: „Was ist mit uns geschehen? Was ist aus unserer Ehe geworden?“

Schauen wir uns doch zunächst einmal an, in welcher Weise Kinder auf eine Ehe Einfluss nehmen.

Kinder verändern den bisherigen Lebensstil vollkommen

Daran gibt es nichts zu rütteln: Das winzige Wonnebündel bringt einen komplett neuen Stress in den Ehe-Alltag. Viele Familienberater bezeichnen die Geburt des ersten Kindes als die kritischste Krisenzeit innerhalb einer Ehe. Ein Baby verändert die Verantwortung von Mann und Frau. Das bedeutet, dass die Rollen neu verteilt und neue Prioritäten gesetzt werden müssen. Der Tagesablauf verändert sich, die Karriere-Ziele sind neu zu überdenken, die Aufgaben neu zu verteilen, das Schlafverhalten ist anzupassen und das monatliche Budget muss neu durchkalkuliert werden, um damit nur einige Veränderungen zu nennen. Kinder schränken eindeutig die Freiheit und Spontaneität ihrer Eltern ein. Sie verändern das Sexualleben, das Sozialverhalten und die Freundschaften des zuvor kinderlosen Ehepaares. Mit Kindern verändert sich der gesamte Lebensstil.

Stellen Sie sich darauf ein, dass ein Baby Ihr Leben für immer verändern wird.

***

Ich bin gerührt, wenn ich meinen Mann unserem Kleinen etwas vorlesen höre, weil ich weiß, wie ungern er liest.

Kinder bereichern die Ehe

Kinder tragen aber auch gleichzeitig erheblich zur Bereicherung einer Ehe bei. Nehmen wir zum Beispiel den Augenblick, wo ein Kind das Licht der Welt erblickt. Es bricht aus dem Unsichtbaren hervor und landet plötzlich in unseren Armen als eine Neuschöpfung. Zehen, Finger, Nase, Augen, Haare – alles ist aus der Mixtur unserer Körperzellen entstanden. Unglaublich! Wunderbar! Nicht zu fassen! Es rührt uns, dass durch unsere eheliche Gemeinschaft ein Symbol unserer Liebe, ein neues Geschöpf Gottes hervorgebracht wurde. Das Zusammentreffen unseres Lebens mit dem Leben unseres Partners hat tatsächlich neues Leben ans Licht gerufen. Adoptiveltern erleben das gleiche Wunder, wenn sie sich die nicht zufällige, ganz wunderbare Verbindung ihres Lebens mit dem Leben des ihnen zugedachten Kindes für alle Zeit vor Augen führen.

Seitdem ich Kinder habe,
entdecke ich an meinem Mann immer mehr Liebenswertes.

Vor etwa 3.000 Jahren schrieb ein Psalmist, dass ein Kind ein Geschenk sei. Und junge Eltern stimmen dem gerne zu. So stellte auch Carla Barnhill fest: „Gott hat Jim und mir Gnade geschenkt: Wir dürfen eines seiner geliebten Kinder heranwachsen sehen. Wir haben das Vorrecht, dabei zu sein, wenn unser Kind sich die Welt erobert und über alles staunt, was es vorfindet. Es ist ein Geschenk für uns, von dem wir täglich lernen. Während unsere Tochter uns zu verstehen gibt, wer sie nach Gottes Plan sein soll, erfahren wir gleichzeitig auch mehr über uns selbst.“[1]

Wenn Mann und Frau sich die Sorge um ihr geliebtes Kind teilen, werden sie feststellen, wie ihre gemeinsamen Erfahrungen sie fest und tief miteinander verbinden. Eine Mutter beschreibt das wie folgt:

Ich erinnere mich vor allem an eine Nacht in unserer jungen Ehe, als mein Mann und ich um ein Uhr nachts von unserem sehr kranken Baby geweckt wurden, das plötzlich 41 Fieber hatte. Damals wussten wir nicht viel über Babys und verstanden nichts von Kinderkrankheiten. Sein schlaffer kleiner Körper brachte uns beide auf die Beine. Wir suchten nach dem Fieberthermometer und füllten die Babyflasche mit Saft. Einer von uns, ich weiß nicht mehr wer, ließ lauwarmes Wasser in die Wanne laufen, um so die hohe Körpertemperatur zu senken.
Weder in einem Musikstück noch in der brillanten Choreographie eines Balletts habe ich je wieder ein so gut aufeinander abgestimmtes Zusammenspiel erlebt! Wir liebten dieses Kind von ganzem Herzen. Wir waren in jenem Moment eine Einheit, deren geballte Kraft sofort eine Eigendynamik annahm. Während wir unser Kind abwechselnd beruhigten, stöhnte keiner, wie müde er sei; wir hatten unsere Müdigkeit einfach vergessen. Wir verschwendeten keine Zeit mit Überlegungen wie: „Wenn ich den Saft gebe – misst du die Temperatur." Wir griffen einfach gemeinsam zu und taten, was getan werden musste für das Kind, das wir von Herzen liebten. Danach, so erinnere ich mich, saßen wir beide in der Küche und hielten uns kurz bei den Händen. Wir hatten gemeinsam gekämpft. Dieser gute, wohltuende, siegreiche Augenblick, als wir sahen, dass die Temperatur unseres Kindes sank und wir beobachteten, wie es bald in einen ruhigen Schlaf fiel! Das war der erste von tausend ähnlichen Augenblicken, die uns mit jedem weiteren Jahr schneller und enger zusammenbringen.[2]

Kinder sind die größten Produkte unserer Liebe.

Im Ehe-Alltag mit Kindern gilt es immer wieder neue Geschenke auszupacken. Aber Vorsicht! Das Geschenk eines Kindes kann eine zerbrochene Ehe nicht kitten und ein Kind ist auch kein Garant für das Überleben einer schwierigen Ehe. Außerdem machen Kinder nicht den Wert der Ehe aus. Eine Ehe mit Kindern ist nicht mehr als eine Ehe ohne Kinder! Allerdings tragen Kinder einmalige Geschenke in eine Ehe, die in anderer Verpackung nicht zu haben sind.

Kinder bringen Realität in eine Ehe

Kinder stellen Eltern auf den Boden der Tatsachen. Sie bringen uns dazu, dass wir erkennen, wer wir sind und was wir von unserer Ehe und unserem Leben erwarten. Viele Männer und Frauen haben den Kopf voller Seifenopern, Filme, Fernsehshows und Liebesromane. Auch das stets blendend aussehende Paar in unserer Nachbarschaft weckt in uns die Vorstellung vom „Alle Tage Sonnenschein"-Mythos. Solche Bilder machen uns glauben, dass ein Ehe-Alltag auch mit Kindern mit zärtlichen Romanzen, aufregendem Sex, Witz und Humor und mit einem ständigen Einvernehmen erfüllt sein muss. Allzu oft wird Liebe durch diese und ähnliche unrealistische Darstellungen definiert.

Das Leben ist verschwommen. Wir nehmen jeden Tag, wie er kommt.

***

Ich kann nicht immer tun, was ich möchte.

***

Wir können nichts tun, ohne zuerst zu überprüfen, ob die Bedürfnisse unserer Kinder berücksichtigt sind.

Natürlich ist es herrlich, einander zu entdecken und gemeinsam in die Zukunft zu blicken und zu planen! Nur wird leider der oftmals im Hintergrund lauernde Egoismus innerhalb einer jungen und noch kinderlosen Ehe selten rechtzeitig erkannt. Dieser kann jedoch recht schnell zu einer harten Wirklichkeit werden, sobald Kinder in die Familie kommen und verlangen, dass wir ihnen unsere eigenen Bedürfnisse opfern, damit wir ihre Bedürfnisse stillen können. Forschungen haben ergeben, dass die Geburt eines Kindes bei Ehepaaren zu mehr Nähe führt. Doch gleichzeitig entlarvt diese Umstellung eine neue egozentrische Reaktion auf Müdigkeit und Überanstrengung.[3]

Mit anderen Worten: „Ehen sind am stärksten gefährdet, wenn die Kinder klein sind, also genau in der Zeit, in der Ehen eigentlich am stärksten sein sollten. Etwas mehr als die Hälfte der verheirateten Paare berichtet, dass die Zufriedenheit in der Ehe nachlässt, wenn Kinder geboren werden. Nur 20 Prozent berichten, dass ihre Ehe sich nach der Geburt von Kindern verbessert habe, während etwa 30 Prozent angeben, ihre Ehe sei unverändert geblieben. Es gibt viele Gründe für das zeitweilige Tief einer Ehe – dabei spielen Erwartungen an den Partner, Geld, Arbeit und soziales Leben sicherlich eine Rolle. Doch im Grunde bietet eigentlich jeder Lebensabschnitt unterschiedliche Herausforderungen und Freuden."[4]

Lesen Sie im Folgenden einige typische Vorwürfe, die man von Ehefrauen und -männern hört, die zum ersten Mal Vater und Mutter geworden sind:

- „Er ist einfach nicht so hilfsbereit oder aufmerksam, wie ich es erhofft hatte."
- „Sie lässt sich von dem Kind völlig vereinnahmen und nimmt mich nicht einmal mehr wahr, wenn ich im selben Zimmer bin."
- „Für ihn hat sich ja nichts geändert, während ich meinen Tagesablauf und mein ganzes Leben voll auf das Kind einstellen muss."
- „Sie hat überhaupt kein Interesse mehr an Dingen, die wir gemeinsam gemacht haben. Stattdessen möchte sie mich ständig verändern oder verbessern."

Und so geht das weiter. Romantik? Intimität? Erfüllung? Das sind Blasen, die aus Seifenopern aufsteigen. Leider platzen sie schnell und verschwinden im realen Leben, sobald man sich seiner Rolle als Vater oder Mutter anpassen muss.

Grundkurs Ehe: Veränderungen sind normal!

Es ist eine Tatsache, dass sich mit dem Wandel unserer Lebensverhältnisse auch unsere Ehe auf ganz natürliche Weise verändert und reift. Entsprechend der neuen Lebenssituationen erfahren wir unsere gegenseitige Liebe und bringen sie zum Ausdruck. Die romantische Leidenschaft der jungen Liebe wächst sich zu einer angenehmen Liebe aus. Diese wiederum wird zu einer tiefen verantwortlichen Liebe. Dazwischen liegen unvermeidlich Zeiten gelangweilter Liebe, verrückter Liebe oder ruhiger Liebe. Vor einigen Jahren gab es in der amerikanischen Zeitung *Saturday Evening Post* einen Artikel mit dem Titel: „Sieben Grippejahre einer Ehe." In humorvoller Weise wurden darin die Entwicklungsperioden einer Ehe innerhalb der ersten sieben gemeinsamen Jahre anhand der typischen Reaktionen eines Mannes auf die Erkältung seiner Frau karikiert.

Das Leben hat sich verändert und nichts ist geblieben wie bisher.
Mit heranwachsenden Kindern befinden wir uns in einem ständigen Wandel.

***

Ich kann die Selbsthilfebücher zum Thema Ehe nicht mehr sehen,
in denen steht, dass man „die Verliebtheit in der Ehe durch Ausgehen oder andere schnelle, kleine Lösungen neu beleben kann."
Wir sind keine Teenager mehr, die sich zum ersten Mal begegnen und ineinander verknallen.
Wir haben uns verändert und damit hat sich auch die Art unserer Liebe verändert.

Erstes Jahr: „Meine Süße, ich mache mir solche Sorgen um dich! Du hast dir einen bösen Schnupfen geholt und mit einem rauen Hals ist nicht zu spaßen. Ich bringe dich heute Nachmittag ins Krankenhaus und lasse dich durchchecken. Du brauchst unbedingt Ruhe. Ich weiß, das Essen im Krankenhaus ist schrecklich. Aber ich bringe dir jeden Tag etwas vom Italiener vorbei."
Zweites Jahr: „Liebling, ich kann mir dein Husten nicht länger anhören; ich habe Dr. Miller angerufen, dass er vorbeischaut.

Komm, sei ein liebes Mädchen und geh zu Bett, mein Kleines, deinem Papa zu Liebe."
Drittes Jahr: „Du solltest dich hinlegen, Liebes. Ich bringe dir etwas zu essen. Haben wir noch einen Rest Suppe?"
Viertes Jahr: „Sei doch vernünftig! Wenn du die Kinder versorgt und den Abwasch erledigt hast, solltest du dich ins Bett verziehen."
Fünftes Jahr: „Warum schluckst du nicht endlich ein paar Aspirin?"
Sechstes Jahr: „Warum gurgelst du nicht mit irgendetwas anstatt hier herumzusitzen und wie ein Seehund zu bellen?"
Siebtes Jahr: „Nun hör endlich auf zu schniefen! Willst du mich etwa anstecken?"[5]

Als Jungvermählte haben die meisten von uns sich leidenschaftlich geschworen: „So werden wir nie! Wir werden so verliebt bleiben, wie wir sind." Und doch, Jahre später, wenn wir uns um die Kolik eines Kindes sorgen oder uns mit einem pausenlos fragenden Kleinkind beschäftigen, entdecken wir plötzlich, dass auch wir wenig Geduld für die Bedürfnisse unseres Ehepartners aufbringen und dass auch zu unserer Ehe zunehmend die Beschreibung eines „älteren Ehepaares" passt.

In dem Buch *Passages of Marriage* (Jahreszeiten einer Ehe) wird folgendermaßen beschrieben, wie eine Ehe heranreift: „Die Entwicklungsstadien eines Kindes von seiner Geburt bis zum Erwachsenwerden sind uns gut bekannt. Ähnlich reift eine Ehe von einer Entwicklungsphase zur anderen – von Stufe zu Stufe – je nach den Jahren, die sie bereits besteht."[6] Nachfolgend sind fünf dieser Phasen aufgeführt:

Junge Liebe: In den ersten zwei Jahren werden die idealistischen Vorstellungen bezüglich der Ehe überwunden und zwei Individuen verschmelzen zu einer Einheit, einer Familie.
Realistische Liebe: Vom dritten bis zum zehnten Jahr erkennt man die unbewussten Gründe, warum man gerade diesen Ehepartner geheiratet hat. Man durchschaut sein verborgenes Tagesprogramm und seine Heimlichkeiten.
Bequeme Liebe: Vom 11. bis zum 20. Jahr baut man sich eine indi-

viduelle Identität auf und hält sie entsprechend seiner Identität als Ehemann oder -frau aufrecht.
Erneuernde Liebe: Vom 21. bis zum 30. Jahr betrauert und akzeptiert man schließlich die unvermeidlichen Defizite seiner Ehe.
Transzendente Liebe: Vom 31. Jahr an und darüber hinaus werden neue Lebensmöglichkeiten sichtbar, nachdem die Hauptlebensaufgaben, die Schaffung finanzieller Sicherheiten und Aufzucht der nächsten Generation, erfüllt sind.[7]

Während eine Ehe von Phase zu Phase fortschreitet, begegnet sie Krisen und Konflikten, die sie reifen lässt, so lange sie existiert.

Am Ball bleiben

Wer erkennt, dass das Chaos, das er in seiner Ehe erlebt, völlig normal ist, darf hoffen. Die Geburt eines Kindes bringt nun einmal zwangsläufig Ihre Partnerbeziehung aus dem Gleichgewicht. Doch hier die gute Nachricht: Sie können das Gleichgewicht in Ihrer Ehe wiederherstellen, wenn Sie sich erstens klar machen, dass es sich um eine ganz normale Veränderung handelt, und wenn Sie zweitens lernen, sich auf Ihre Weise durch diese Veränderung hindurchzulieben. Ja, Sie werden in Zukunft entwicklungsbedingte Veränderungen in Ihrer Ehe umso besser verkraften, wenn Sie und Ihr Ehepartner diese Krise tatkräftig bewältigen und rasch Ihre Balance wiedergewinnen. Es wird Ihre Beziehung vertiefen und bereichern, wenn Sie sich auf Ihre Weise durch die völlig normalen Zeiten der Unausgewogenheiten hindurchlieben.

Wir schwankten zwischen intensiver Nähe und Müdigkeit, die kein Gespräch mehr zuließ.

Mobilisieren Sie Ihre Ehe

Erinnern Sie sich noch an die Beschreibung des Mobiles in der Einleitung? Wie bereits gesagt, ist die Ehe wie ein lustiges Mobile, das über einem Kinderbettchen schaukelt. Können Sie sich ein Ehe-Mobile vorstellen? Auf der einen Seite hängt der Mann, auf der anderen die Frau. Sie sind durch einen Draht, der das Ehegelübde symbolisiert, verbunden, oder durch einen heißen Liebesdraht, falls Ihnen das Bild besser gefällt. Solange sie nur zu zweit sind, wird dieser Draht durch ihre Lebensgemeinschaft gefestigt, an der sie miteinander arbeiten und versuchen, als Ehepaar in Einklang zu kommen.

Mit der Zeit versteht sich das Paar immer besser und spielt sich aufeinander ein. Es wird vertrauter. Mann und Frau haben ihr Gleichgewicht im Ehe-Mobile gefunden.

Sobald sich bei einem Ehepartner aber etwas verändert, betrifft das stets den anderen mit. Es entsteht ein Ungleichgewicht und das Paar im Mobile schwankt hin und her, bis es seine Balance wieder gefunden hat. Ein Arbeitsstellenwechsel des einen lässt den anderen Partner mit rauf- und runterschwingen. Eine Krankheit des einen treibt den anderen ebenfalls um. Eine schwierige Beziehung innerhalb der erweiterten Familie bläst heftig gegen das Ehe-Mobile und sorgt möglicherweise für Sturm. Weil wechselnde Lebensumstände das Ehe-Mobile nur hin und wieder berühren, lässt sich die Balance nach einiger Zeit wiederherstellen. Solche Ereignisse gehen vorüber.

Viel gravierender ist es, wenn ein Kind an das Ehe-Mobile angehängt wird. Hier stellt sich ein Ungleichgewicht ein, das eine langfristige Justierung benötigt. Mann und Frau erfahren einen einschneidenden Rollenwechsel. Denn ihre bisherige Identität ändert sich: Er wird Vater, sie wird Mutter. Das Leben dreht sich nicht mehr nur um „dich und mich“. Mit dem Baby sind sie zu dritt, wobei das Baby meist den Vorrang hat, weil es ihn lautstark einfordert. Jemand hat diese Situation einmal sehr schön beschrieben: „Ein Baby im Haus ist ein perfektes Beispiel für den Einfluss einer Minderheit.“

Das Gleichgewicht wiedergewinnen

Wir gewinnen die Balance zurück, wenn wir einige Grundprinzipien der Ehe verstehen lernen.

Eine Ehe ist lebendig. Die Ehe ist wie ein lebendiger Organismus. Sie stagniert nicht, vielmehr wächst sie und verändert sich und passt sich den Jahreszeiten des Lebens entsprechend unseren Veränderungen und unserem Wachstum an. Eine gesunde Beziehung hängt tatsächlich von der Fähigkeit ab, sich anzupassen und zu wachsen. Wir müssen uns bemühen, unseren neuen Part in unserer Beziehung anzunehmen und einzubringen. Es ist notwendig, dass wir unsere Verhaltensweise anpassen und eine Veränderung positiv bewerten.

Wir sollten die Ehe nicht als ein Romanze pflegen und damit für immer im Frühling unserer jungen Liebe stecken bleiben. Wir müssen vielmehr begreifen, dass unsere Beziehung sich mit der Zeit entfalten und reifen will. Dieser Wachstumsprozess ist notwendig. In „The Discipline of Love“ (Die Disziplin der Liebe) sagt Ana B. Mow: „Es ist ein Fehler zu glauben, dass ein Ehepaar mit seiner ersten Liebe unendlich fortfahren kann. Die Liebe muss wachsen.“[8]

Es lässt sich nicht vermeiden, dass eine Ehe auch durch Zeiten der Lustlosigkeit hindurch muss. Elizabeth Cody Newenhuyse schreibt in einem Artikel mit der Überschrift: „Are We Still in Love?“ (Lieben wir uns noch?):

> *Früher oder später kommen Ehepartner zwangsläufig zu der Einsicht, dass es Schlimmeres gibt, als sich zu langweilen. Unsere Kultur hat uns mit der Lüge verdorben, dass das Leben uns ständig begeistern, erregen, stimulieren muss. Und doch sind Zeiten der Langeweile bei allen Paaren unabhängig von der Zahl der Ehejahre unvermeidlich. Auf Dürrezeiten folgt neues Leben. Manchmal hält die Dürre eine Weile an. Aber nichts bleibt, wie es ist!*[9]

Eine Ehe kann schmerzhaft sein. Entgegen aller Erwartungen kann die liebevollste Beziehung auch die schmerzhafteste sein. Sehr oft ist ein Paar überrascht, in seiner Beziehung Schmerzhaftes zu entdecken, weil es glaubt, Schmerz dürfe nicht sein. In Wirklichkeit hat alles seinen Preis. Und auch tiefe Zuneigung ist nicht kostenlos zu haben. Oft gehört der Schmerz dazu. In der Abschlussszene des Films *Shadowlands* bringt C. S. Lewis zum Ausdruck, dass Schmerz ein Teil der Freude an der Liebe ist. Mit anderen Worten: Menschen, die wir am meisten lieben und die uns am meisten lieben, können uns die größten Schmerzen bereiten.

Roberta Temes, eine Psychotherapeutin aus New York berät regelmäßig Ehepaare, die in Scheidung leben. Sie sagt: „Es tut weh, Single zu sein, es tut weh, verheiratet zu sein, und es tut weh zu leben. In der Ehe gibt es allerdings den Vorteil, dass man den Partner für seinen Schmerz verantwortlich machen kann."[10]

Eine Ehe mit Kindern ist viel schwieriger, als ich mir das gedacht hatte.
Natürlich ist sie auch wunderschön und wir lieben unsere Kinder von Herzen.
Aber wir leben ständig an der Grenze körperlicher Erschöpfung,
finanzieller Engpässe und mit emotionalem Stress.
Es bleibt nicht mehr viel von uns übrig,
das wir in unsere Ehe investieren könnten.

***

Mit den Kindern nehmen Druck, Stress, Müdigkeit und Aktion zu.
Es macht mehr Mühe, die eheliche Beziehung intakt zu halten.

Die anfängliche Disharmonie durch die Geburt eines Kindes kann Ängste, Unsicherheit, Furcht, Enttäuschung, Ärger und viele andere emotionale Regungen auslösen. Sie alle lassen sich unter dem Begriff „Schmerz" zusammenfassen. Nein, es ist nicht alles so, wie es sein sollte. Oftmals ist es anders, als wir es uns vorstellen. Und Anderssein ist für die meisten von uns ungemütlich. Anderssein bedeutet nachts aufstehen, wann wir normalerweise bequem durchschlafen konnten. Anderssein heißt, direkt nach Hause kommen, weil uns jemand dort braucht, obwohl wir uns lieber vor neuen Verantwortungen drücken würden. Anderssein heißt, das Ungleichgewicht in unserem Ehe-Mobile ertragen, obwohl wir uns zutiefst nach einer Wiederherstellung des Gleichgewichts sehnen.

Eine Ehe bedeutet Arbeit. Das Gleichgewicht lässt sich nicht wiederherstellen, indem man Dinge zurückschraubt und die alte Ordnung zurückgewinnt. Ein Gleichgewicht entsteht nur, wenn wir für die Dinge, wie sie im Moment sind, Verständnis gewinnen und sie akzeptieren. Der Psychologe und Familientherapeut H. Norman Wright meint, dass fünf Punkte in einer jungen Ehe unbedingt zu beachten sind, sobald sich ein Kind einstellt:

- Die Rollen von Mann und Frau müssen neu definiert werden.
- Man sollte mit Eltern und Schwiegereltern eine neue Beziehung herstellen.
- Man sollte die Verliebtheit in eine Liebe umwandeln, die auf absoluter Zuverlässigkeit beruht.
- Man sollte die Elternrolle annehmen und festigen und eine Familie beginnen.
- Man sollte eine gefestigte Persönlichkeit werden und seine Energie in das stecken, was man als wichtig erkannt hat: Karriere, Familie, Freundschaften und entsprechend Prioritäten setzen.[11]

Wir haben so lange auf unser erstes Kind gewartet,
dass wir uns nur noch darauf konzentriert haben.
Wir brauchten einige Zeit, bis wir uns als Paar wieder neu entdeckten.

Eine Ehe bedeutet harte Arbeit, weil man ständig Neues über sich und seinen Partner lernt. Man versucht ständig sich anzupassen, indem man sich selbst verbessern möchte. Oder es geht daneben und man fühlt sich schuldig! Die Autoren William und Nancie Carmichael haben beobachtet: „Die eheliche Liebe ist ein hartes Stück Arbeit, weil sie von uns verlangt, ständig an unseren Partner zu denken anstatt an uns selbst. Dabei ist es jedoch unser natürliches Bedürfnis, immer zuerst an uns zu denken."[12]

Die größten Geschenke, die Sie Ihrer Ehe und Ihren Kindern machen können

Ist es überhaupt die Mühe wert, die Balance wiederherzustellen? Natürlich! Das größte Geschenk, das sich ein Ehepaar gegenseitig machen kann, ist den Wandel von Mann und Frau zu Vater und Mutter bewusst mit zu vollziehen. Wenn Sie lernen, gemeinsam „an einem Strang zu ziehen" und sich Mühe geben, die Stimmungen des anderen und seine Reaktion auf die Umstellung zu verstehen, festigen Sie den Draht zueinander und vertiefen Ihre Beziehung. Jede Anpassung ist wie eine Investition in den anderen und in Ihre Ehe. Sie wird sich in den kommenden Jahren durch eine größere Zufriedenheit auszahlen.

Eltern, die fest zusammenhalten, geben ihren Kindern ein unbezahlbares Geschenk an liebevoller Sicherheit. Denn wer an einer Ehe arbeitet, die den normalen Konflikten und Herausforderungen des Lebens gewachsen ist, demonstriert damit seinen Kindern, dass auch sie einen sicheren Platz im Leben haben, trotz aller Schwierigkeiten, denen sie im Alltag begegnen. Die Ehe lehrt uns, wie wir einander lieben sollen. Die Kinder lernen diese Lektion durch ihre Beobachtungen.

Zusammenfassung

Darin sind sich die meisten Eltern einig: Das Leben mit Kindern ist reicher aber härter. Es hängt sehr von unserer Einstellung zu der neuen Lebenssituation mit Kindern ab, wie schnell wir unsere Balance wieder finden. Greg stand im Abschlussexamen seines Studiums für klinische Psychologie und Erin arbeitete als Laborantin im Krankenhaus. Als ihre Tochter zur Welt kam, machten sie sich die folgenden Gedanken zu ihrer neuen Elternrolle:

> *Mit unserer Tochter veränderte sich unser Leben. Doch es veränderte sich nicht zum Negativen, wie man uns gesagt hatte. Viele hatten uns richtig Angst gemacht, dass das Leben, das wir kannten, für immer vorbei sei. Wir erinnern uns noch genau, als*

wir aus dem Krankenhaus kamen und dachten: „Gestern war unser letzter Tag in Freiheit!" Wären wir bei dieser Einstellung geblieben, wäre das tatsächlich unser letzter Tag in Freiheit gewesen. Mit der Geburt unserer Tochter hat sich unser Leben zum Besseren verändert, weil wir gelernt haben, wie man gleichzeitig Eltern und Ehepartner sein kann.[13]

Während alle Paare nach einer ausgeglichenen Ehe suchen, werden sie, und das geht gar nicht anders, Zeiten der Unausgeglichenheit erleben. Wichtig ist nur, dass man sich bewusst macht: Unausgeglichenheit innerhalb einer Ehe ist normal! Geben Sie in einer solchen Situation nicht auf, sondern gehen Sie einen Schritt nach dem anderen und das in Liebe, bis die Balance wieder stimmt.

Mobilmacher Nr. 1: Zum Schmunzeln

Kinder verändern uns!

Wenn Babys erst einmal ihre Füßchen entdeckt haben, greifen sie immer wieder nach ihren Zehen. Söckchen ausziehen wird zum Spiel. Chiara spielte mit ihren Söckchen und ich las. Nach ein paar Minuten fing sie an zu gurgeln und zu lallen. Ich schaute zu ihr hin und sah, dass sie ihren kleinen gelben Socken in der Hand hielt. Das war ihr erster Fang. Ein stolzer Augenblick. Sie drehte ihr Köpfchen ein wenig, schaute mich an mit einem Gesichtsausdruck, der sagte: „Na, was sagst du nun?", und legte die Socke auf ihren Kopf. So blieb sie sitzen und strahlte mich mit der Socke auf dem Köpfchen an. Sie wartete auf meine Reaktion. Ich lachte aus ganzem Herzen mit solcher Freude, wie ich sie seit Monaten nicht empfunden hatte. Chiara nahm die Socke von ihrem Kopf. Dann schaute sie mich wieder an und legte das gelbe Söckchen wieder auf ihren Kopf. Ich lachte, bis mir das Zwerchfell wehtat. Tränen liefen mir übers Gesicht. Immer wieder nahm sie die Socke herunter und legte sie sich wieder auf ihren kahlen Kopf. Und jedes Mal lachte ich mehr ...

Als mein Mann mich am Nachmittag anrief, lachte ich sofort ins Telefon. Chiara saß im Kindersitz neben mir. Brian, der meine Anspannung der letzten Monate kannte, dachte, ich würde weinen.

„Was ist los?", fragte er besorgt.

„Brian", kicherte ich, „Chiara ... *hat sich eine gelbe Socke auf ihren kahlen Kopf gelegt!*"

„Na und?", fragte Brian während ich wie verrückt lachte.

„O, weiter nichts ... Es ist nur ... weil sie sich dieses gelbe Söckchen auf ihren Kopf gelegt hat und das war ... so unglaublich witzig."

Als ob sie verstand, wovon wir sprachen, legte sich Chiara die Socke erneut auf den Kopf.

„Jetzt macht sie es schon wieder!", rief ich. Ich konnte mich kaum beherrschen.

„Ja, das ist lustig ... kann ich mir vorstellen", sagte Brian einfühlsam. „Können wir darüber reden, wenn ich nach Hause komme?" Wahrscheinlich überlegte er bereits, wo wir einen Therapeuten für mich auftreiben konnten.

Ich musste so sehr lachen, dass ich mich kaum verabschieden konnte. An diesem Tag wurde ich Chiaras Mutter. Und sie wurde mein Kind.[14]

Mobilmacher Nr. 2: Basteln Sie ein Mobile

Wie wär's mit einem selbst gemachten Mobile als lustigen sichtbaren Hinweis oder als Gedächtnisstütze, dass Sie auch dann zusammengehören, wenn Ihre Ehe Wellen schlägt und nicht mehr ausgewogen ist?

Mit der folgenden Anleitung können Sie sich aus einfachen Materialien, die Sie im Hause haben, ein Mobile basteln. Stellen Sie sich diese bunten, schwebenden Mobiles vor, die man hin und wieder in Kindergeschäften und Kaufhäusern in der Abteilung für Babyausstattung sieht, und versuchen Sie, ein ähnliches Mobile herzustellen. Dazu brauchen Sie:

- Etwas, was die Personenzahl Ihrer Familie verkörpert. Ausstechförmchen für Plätzchen, Kinder-Spielzeug oder auch ausgeschnittene Figuren aus Tonpapier eignen sich gut dazu. Doch besonders Ausstechförmchen aus Aluminium eignen sich hervorragend, weil es sie in verschiedenen Größen und Formen gibt. Außerdem lassen sie sich leicht aufhängen.

- Einen Ring: Das Hauptbefestigungsstück, an dem das Mobile aufgehängt wird. Dazu kann man einen Metall- oder Plastikring verwenden, ein altes Armband oder einen Ring für einen Duschvorhang.
- Ein paar Holzstäbchen oder Drahtstücke, an denen man Mama, Papa und die Kinder befestigen kann.
- Garn, Kordel oder Band, um Mama, Papa und Kinder an den Stäben zu befestigen.

Arbeitsanleitung: Binden Sie gemäß der abgebildeten Zeichnung alle Teile mit Fäden aneinander.

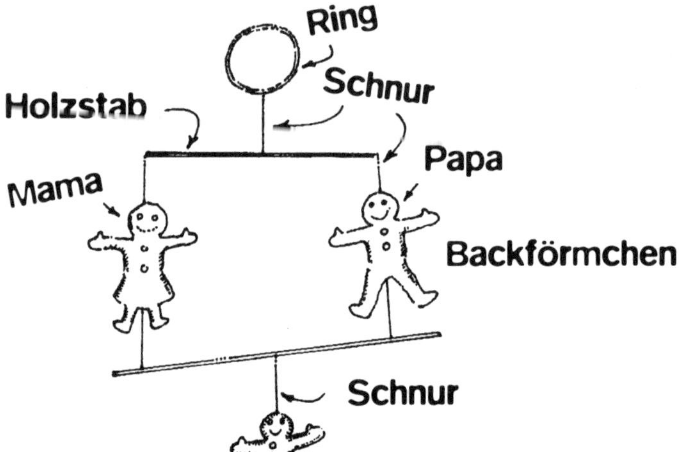

P.S. Sollten Sie dazu kein Geschick haben, kaufen Sie sich einfach ein Mobile! Wichtig ist, es dort aufzuhängen, wo Sie und Ihr Partner es sehen können. Es soll Sie beide darauf aufmerksam machen, wie Ehepaare miteinander verbunden sind, hin- und herschwingen, manchmal aus dem Gleichgewicht geraten, aber trotz allem immer zusammenhängen.

Mobilmacher Nr. 3: Suchen Sie sich ein Mentoren-Ehepaar

Ein lustiges Mobile ist nicht die einzige sichtbare Hilfe für eine Ehe mit Kindern. Auch das Vorbild von anderen Paaren, die schon länger als Sie verheiratet sind, kann hilfreich sein. Kennen Sie ein Ehepaar, das Sie beide bewundern und das Sie zu Ihrem „Mentoren-Paar“ erklären könnten? Das kann eine formale oder nicht formale Vereinbarung sein, ganz wie Sie möchten. Die Mentoren-Idee ist eine der ältesten und wirksamsten Möglichkeiten, Kenntnisse und Fertigkeiten von einer Generation an eine andere weiterzugeben. Übrigens gibt es nicht viele, die in einer gesunden Familie aufgewachsen sind. Deshalb kann ein Mentoren-Paar als Mut machendes Beispiel dienen.

Wie sollte ein solches Mentoren-Paar aussehen?

- Es sollte einige Jahre länger verheiratet sein als Sie und Kinder haben.
- Es sollte die gleichen Werte anstreben wie Sie.
- Es sollte Wärme, Authentizität und Einfühlungsvermögen ausstrahlen.

Wie lässt sich der Kontakt zu einem Mentoren-Paar herstellen?

Sie profitieren besonders von einem Mentoren-Paar, mit dem Sie sich auch identifizieren können. Das können Ihre eigenen Eltern sein oder Paare, mit denen Ihre Eltern befreundet waren und mit denen Sie deshalb aufgewachsen sind. Wenn es zwei Menschen sind, die Sie beide kennen, beobachten Sie sie eingehend und sprechen Sie anschließend mit Ihrem Partner darüber, was Ihnen an ihnen gefällt. Beobachten Sie vor allem die Art, wie das Paar miteinander und mit seinen Kindern umgeht.

In einer eher formalen Beziehung können Sie ein Paar, von dem Sie lernen möchten, bitten, Sie regelmäßig zu besuchen, vielleicht einmal im Monat für eine Stunde zum Kaffee, damit Sie sich über

Ihre Gedanken und Überlegungen austauschen können. Wenn Ihr Mentoren-Paar damit einverstanden ist, schreiben Sie sich für ein solches Treffen Ihre Fragen oder Sorgen auf. Doch machen Sie Ihren Mentoren deutlich, dass Sie nicht auf alle Fragen eine Antwort erwarten oder neue perfekte Lösungen suchen, dass Sie vielmehr schätzen, wenn sie Ihnen zu einem bestimmten Thema ihre eigenen Erfahrungen mitteilen. Schon allein dadurch, dass sie die Anfangsschwierigkeiten in ihrer eigenen Ehe bewältigt haben, sind sie ein erfolgreiches Vorbild für Sie. Es wird Ihnen ganz bestimmt Hoffnung machen, wenn Ihre Mentoren Ihnen beschreiben, wie sie sich durch ihre schwierigen Zeiten hindurchgekämpft haben.

Mobilmacher Nr. 4: Zehn Ratschläge, wie Sie verhindern können, dass Ihr Kind Sie auseinander treibt.

1. „Das Wichtigste, was Eltern für ihre Kinder tun können, ist, dass sie einander lieben", rät Dr. Benjamin Salk, ein Familientherapeut.
2. Sorgen Sie dafür, dass noch ausreichend Zeit für Sie als Ehepaar bleibt, während Sie Ihren Kindern gleichzeitig so viel Liebe wie nur möglich schenken. Halten Sie Ihre Verantwortung füreinander in einem ausgewogenen Verhältnis zur Verantwortung für die Kinder!
3. Unterhalten Sie sich mit Ihrem Mann nicht nur über die neueste Babynahrung und das Zahnen.
4. Machen Sie sich klar, wie leicht ein Vater sich unnütz und ausgeklammert fühlen kann.
5. Machen Sie mit Ihrem Ehepartner so viel wie möglich gemeinsam, auch wenn dadurch nicht alles perfekt gelingt. Das Baby überlebt eine schlecht sitzende Windel!
6. Nehmen Sie wahr, wie sehr manche Frauen durch die Versorgung eines Säuglings körperlich erschöpft sind.
7. Falls Sex eine Zeit lang nicht an erster Stelle steht, zeigen Sie

Ihre Zuneigung und Zärtlichkeit auf andere Weise. Fühlen Sie sich dadurch auf keinen Fall abgewiesen.
8. Verlieren Sie nicht den Kontakt zu Ihren Freunden.
9. Lassen Sie zuverlässige Freunde auf Ihr Kind aufpassen, damit Sie ein paar Stunden als Ehepaar ausgehen können.
10. Bleiben Sie maßvoll, wenn es um die Extra-Aktivitäten Ihrer Kinder geht. Man kann sich und sein Kind rasch überfordern. Fragen Sie sich, wie wichtig es ist, dass eine Sechsjährige Ballett-Unterricht nimmt, ein Knirps im Verein Fußball spielt und jedes Kind drei Musikinstrumente erlernt.

Stellen Sie sich also vom Zeitpunkt der Geburt Ihres Kindes auf den Tag ein, an dem es Ihr Haus wieder verlassen wird. Das geht so atemberaubend schnell! Wenn Sie sich auf diesen Tag nicht vorbereiten, werden Sie in 18 Jahren abends nach Hause kommen, sich an den Abendbrottisch setzen, Ihren Partner verwundert anschauen und fragen: „Wer sind Sie eigentlich?"[15]

Mobilmacher Nr. 5: Liebestöter – zur Kenntnis nehmen und beseitigen!

Nachfolgend finden Sie die Beschreibung von fünf Verletzungen, die Paare einander meist unwissentlich zufügen und die sie sehr unglücklich machen. Diese „Liebestöter" gibt es in den meisten Ehen. Selbst wenn sie auf Kosten unseres Partners gehen, bringen sie uns irgendwie ein Gefühl der Genugtuung. Wir sollten versuchen diese Verhaltensmuster bei uns selbst aufzudecken und uns zu Gunsten einer guten Ehe selbst das Versprechen abnehmen, diese zu überwinden. Dazu gehören:

Wutausbrüche. Zu Wutausbrüchen kommt es normalerweise dann, wenn jemand uns unglücklich macht und einfach nicht fair handelt. Dabei bietet die Wut eine einfache Lösung des Problems: Ich vernichte den Verursacher meiner Schwierigkeiten. Sollte es Ihr Ehepartner sein, der hinter diesen Schwierigkeiten steht, dann treibt Ihr Ärger Sie dahin, dass Sie den verletzen, dem Sie ursprünglich versprochen haben, ihn zu lieben und zu ehren. Sobald Ihr Ärger die Oberhand gewinnt, hat Ihre Liebe verloren.

Respektlose Verurteilungen. Haben Sie schon einmal versucht, jemanden zurechtzurücken? Normalerweise glauben wir, dem anderen einen großen Gefallen damit zu tun, ihn oder sie aus der Dunkelheit seiner Verwirrung in das Licht unserer „höheren Sicht der Dinge" zu heben. Sollten Sie versuchen, Ihren Ehepartner gerade zu biegen, damit er keine Fehler mehr macht, machen Sie einen viel größeren Fehler. Sie verurteilen Ihren Partner auf respektlose Weise.

Nervtötendes Benehmen. Das nervtötende am nervtötenden Benehmen ist, dass es im Grunde gar nicht so wichtig erscheint – aber es macht einen einfach kirre! Man sollte darüber hinwegsehen – aber man kann es nicht. Versuchen Sie einmal, nervtötendes Benehmen in zwei Kategorien zu teilen: Wenn ein bestimmtes Verhalten sich gedankenlos wiederholt, ist es eine *nervige Angewohnheit,* zum Beispiel wie jemand isst oder spricht oder die Schranktüren offen stehen lässt. Ist es jedoch ein fest eingeplantes Verhalten, das einiges Nachdenken verlangt, ist es eine *nervige Tätigkeit*, wie eine bestimmte Sportart oder ein persönliches Übungsprogramm. Wollen Sie eine ausgeglichene Ehe führen, dann verabschieden Sie sich bitte umgehend von Ihrem nervtötenden Verhalten!

Selbstsüchtige Ansprüche. Ansprüche haben mit Macht zu tun und beinhalten ein Drohen mit Strafe. Im Idealfall wird in einer Ehe die Macht geteilt: Mann und Frau arbeiten zusammen und übernehmen in Absprache die Verantwortung für bestimmte Aufgaben. Sobald aber ein Ehepartner Ansprüche stellt und droht, ist die Macht nicht mehr gleichmäßig verteilt. Das Ergebnis ist, dass der bedrohte Partner zurückschlägt. Plötzlich wird die Ehe zu einem Kriegsschauplatz, zu einem Kräftemessen. Wer ist stärker? Wer gewinnt? Wenn einer gewinnt und der andere verliert, ist die Ehe verloren.

Unaufrichtigkeit. Niemand mag unaufrichtige Menschen und doch scheint Aufrichtigkeit hin und wieder mehr Schaden zu verursachen. Was ist, wenn die Wahrheit schmerzhafter ist als eine Lüge? Natürlich verletzen Lügen langfristig gesehen eine Beziehung. Doch die Wahrheit kann auch verletzen, besonders in kurzen Zeiträumen. Viele Paare beharren leider auf ihrer Unaufrichtigkeit, weil sie spüren, dass sie den Schock, der Wahrheit ins Gesicht zu sehen, nicht ertragen könnten, wenigstens nicht im Augenblick. Das Ergebnis: Die Ehe stirbt einen langsamen Tod. Aufrichtigkeit ist wie ein Grippeanfall. Er kann kurzfristig heftige Schmerzen verursachen, doch man ist in den nächsten Monaten weniger anfällig und gesünder.[16]

Mobilmacher Nr. 6: Die Ehe-Killer

Überbeanspruchung und körperliche Erschöpfung. Hüten Sie sich vor dieser Gefahr! Sie besteht vor allem für junge Ehepaare, die mit einem Beruf oder einem Studium beginnen. Versuchen Sie *nicht*, ein College zu besuchen und gleichzeitig den ganzen Tag zu arbeiten, ein Baby zu bekommen, ein Kleinkind zu versorgen, ein Haus zu bauen und eine Firma zu eröffnen. Sie *müssen* sich Zeit füreinander lassen, wenn Sie Ihre Liebe am Leben erhalten wollen.

Häufige Kontoüberziehung und Streit ums Geld. Entweder Sie bezahlen Konsumgüter bar oder Sie kaufen nichts. Bezahlen Sie nicht mehr für ein Haus oder Auto, als Sie sich leisten können. Und schaffen Sie sich kleine Rücklagen für Babysitter, kleinere Ausflüge, Ausgehen zu zweit und ähnliches.

Einmischung von Schwiegereltern. Falls einer von Ihnen sich noch nicht vollständig von seinen Eltern gelöst hat, sollte er möglichst nicht in der Nähe der Eltern wohnen. Manche Mütter und Väter können nur schwer loslassen. Daher kann Nähe zu Schwierigkeiten führen.

Eindringlinge. Hierbei geht es nicht um Eindringlinge vom Mars, vielmehr geht es um Eindringlinge, die Eltern die Luft zum Atmen rauben, sie völlig in Beschlag nehmen und ihnen die gegenseitige Attraktivität zerstören. Ein solches Phänomen kann Eifersucht heißen. Ein anderes Phänomen ist möglicherweise ein geringes Selbstwertgefühl, das einen unsicheren Ehepartner dazu verleitet, den Freiraum des anderen mit Füßen zu treten. Liebe *muss* frei sein. Und Liebe heißt vertrauen.

Pornografie, Glücksspiel und andere Leidenschaften. Es sollte jedem bekannt sein, dass der Mensch schwach ist. Er hat leider eine gewisse Neigung zu zerstörerischen Verhaltensweisen, besonders in jungen Jahren. Bei einigen besteht außerdem eine unbekannte Leidenschaft und ein Zerstörungsdrang, die bereits in ihrer Familie begründet sind. Ihre Probleme beginnen oft im Experimentieren mit einem nicht bekannten Übel und enden letztlich im Tod oder im Tod einer Ehe.

Geschäftlicher Erfolg. Es ist im Geschäftsleben beinahe ebenso riskant, erfolgreich zu sein wie zu versagen. Der Autor der Sprüche Salomos sagt: „Gibt mir weder Armut noch Reichtum, aber gib mir mein täglich Brot“ (Sprüche 30, 8).[17]

Mobilmacher Nr. 7: Einige Gedanken über die Ehe, Kinder und Veränderungen

Die Ehe ist – wie alte Hasen wissen – ein kontinuierlicher Anpassungsprozess an Dinge, die man nicht erwartet hatte.[18]
Tom Mullen

Die meisten von uns werden Eltern lange bevor sie aufgehört haben, selbst Kind zu sein.[19]
Mignon McLaughlin

Menschen verändern sich und vergessen, es dem andern mitzuteilen.[20]
Lillian Hellman

Die besten Ehen waren – wie die besten Lebensläufe – sowohl glücklich als auch unglücklich. Das gab eine gewisse Spannung, eine Anspannung zwischen den Partnern, die der Ehe Kraft verlieh wie bei einem Schiff die gestrafften Segel.[21]
Anne Morrow Lindbergh

Fragen zur gemeinsamen Diskussion

- Wo hat sich unsere Ehe durch unser Kind verändert?
- Welche Veränderung war deiner Ansicht nach die Beste?
- Wie hat unser Kind unsere Ehe bereichert?
- Hat es unsere Liebe vertieft? Falls ja, wie?
- Welches Elternpaar kennen wir, das für uns ein gutes Vorbild sein könnte? Und warum?
- Was bedeutet „eheliche Liebe“ im Vergleich zu unverbindlicheren Liebesbeziehungen?
- Was können wir tun, um die Balance in unserer Ehe wiederherzustellen?

Verbindlichkeit

Das Eheversprechen neu bestätigen

Liebst du mich, auch wenn es schwierig wird?

Rhonda wälzte sich in ihrem Bett hin und her und stöhnte – ein leises, ungewolltes Stöhnen, das sie aus einem ruhelosen Schlaf riss. Ihr Magen rumorte, ihr Gesicht glühte und ihr Körper schmerzte. Einen Augenblick lang lag sie still und versuchte leise, ihre Position zu verbessern, ohne ihren Mann aufzuwecken. Doch plötzlich sprang sie aus dem Bett und stürzte in das dunkle Badezimmer. Ihr war zum Erbrechen übel, und ihr Körper reagierte entsprechend heftig.

Sie zog die Badezimmertür leise hinter sich zu. Die Übelkeit, der heiße Kopf und die schmerzenden Glieder machten sie fix und fertig. Kurz darauf hörte sie ein Pochen an der Tür, die sich leise öffnete.

„Liebling, wie geht es dir?", fragte Jim, ihr Mann, durch den Türspalt.

„Ich bin soooo krank", jammerte sie und hockte wie ein Häufchen Elend auf dem kalten Fliesenboden. Ihr war schwindlig und alles drehte sich vor ihren Augen.

Plötzlich spürte sie starke Hände, die sie aufrichteten und ihr wieder ins Bett halfen. Ein feuchter Waschlappen wurde ihr auf die Stirn gelegt und mit einem Handtuch der Mund abgewischt. Irgendwo am Ende des Flurs hörte sie ihre zweijährige Tochter Melissa wimmern: „Mami....Maaaami." Sie wollte aufstehen, aber sie brachte ihren Körper nicht hoch. Etwas später hörte sie, wie sich die Schlafzimmertür leise schloss und sie merkte, dass Jim zu Melissa gegangen war.

Einige Tage später, Rhonda ging es schon wieder besser, begann sie mehr und mehr zu verstehen und zu schätzen, was ihr Mann seit jener Nacht für sie bedeutete. Er hatte *gesehen*, wie sie sich erbrochen hatte! Igitt!

Doch nicht nur das. Er hatte ihr geholfen und war an ihrer Stelle zu ihrer Tochter gegangen, hatte sie getröstet und festgestellt, dass die Kleine genauso krank war wie die Mutter. Zum allerersten Mal waren sie und ihr Kind zur gleichen Zeit krank geworden und Jim hatte sie beide versorgt. Er wischte das Erbrochene auf, wechselte Melissas Bettzeug und Schlafanzug, machte sie sauber und wusch sie mit einem Waschlappen ab. Dann machte er sich ein Lager auf dem Parkettfußboden zwischen den Zimmern seiner „Mädels". Natürlich bekam er kaum Schlaf, denn die meiste Zeit der Nacht lief er mit Handtüchern, Eimern und Fieberthermometern zwischen Kinderzimmer und Schlafzimmer hin und her.

Rhonda wickelte sich in die Erinnerung an Jims zärtliche und liebevolle Art wie in eine große Decke ein und spürte die behagliche Wärme. Seit Melissas Geburt war ihre Ehe auf manche Probe gestellt worden. Oft hatte sie sich gefragt, ob Jim sie noch liebte und, egal was komme, noch zu ihr stehen würde. Liebte er sie, auch wenn sie am Ende eines langen Tages mit Melissa ungeduldig und mürrisch war? Oder was würde passieren, falls sie ihre 15 Pfund Übergewicht nach der Geburt nicht mehr verlieren sollte? Oder wenn sie abends ins Bett stieg und viel lieber schlafen wollte, als mit Jim zu kuscheln? Der Gedanke an Jims selbstloses Handeln in der Nacht des „Familiengrippe-Fiaskos" gab ihr eine Antwort, die sie für immer in liebevoller Erinnerung behalten würde.

Versprechungen, Versprechungen

„In guten wie in bösen Zeiten."

„In kranken und gesunden Tagen."

„Bis dass der Tod uns scheidet."

Wir stehen vor dem Altar und geben Versprechen, legen Gelübde ab und haben kaum eine Ahnung von der Reichweite dessen, was wir uns da zusprechen, geschweige denn von den mutigen Taten, die solche Gelübde fordern.

Die Pastorin Jay Jordan-Lake bezeichnet das gegenseitige Abgeben von Ehegelübden als „geradezu haarsträubend". Sie schreibt

Nach einem langen Arbeitstag mit heulenden Kindern lernt man,
was es heißt: „Es gibt Schlimmeres!"

***

Zuverlässigkeit wird in der Versorgung eines Neugeborenen
rund um die Uhr ausgelebt, wenn man nicht krank werden darf,
keine Vertretung hat und nicht zum Schlafen kommt.
Da ist die Zuverlässigkeit auf dem Prüfstand.

***

Ich bin auch dann verantwortlich, wenn ich mich nicht verantwortlich fühle.

über Braut und Bräutigam vor dem Altar: „Diese zwei jungen Menschen haben nicht einmal ein Drittel ihres Lebens gelebt, vielleicht nicht einmal ein Viertel. Und nun schreiten sie den langen Gang zum Altar an den Kirchenbänken mit ihren stumm lächelnden Zeugen vorbei und legen Gelübde ab, von denen sie nur verstanden haben, dass sie ‚Ja' sagen sollen, und ahnen nicht im Traum, was es bedeutet, dieses ‚Ja' auszuleben."[1]

Dieses „Ja" unseres Eheversprechens „bis dass der Tod uns scheidet" auszuleben, erfasst das Wort Verbindlichkeit in seinem tiefsten Sinn. Verbindlichkeit bedeutet, für diesen anderen Menschen da zu sein, und zwar nicht nur in den rosaroten Tagen der jungen Liebe oder bei einer märchenhaften Hochzeit oder während der romantischen Flitterwochen, wenn Lieben leicht ist und sich gut anfühlt. Verantwortung füreinander bedeutet, nach den gegebenen Versprechen zu leben, wenn Rechnungen ins Haus flattern, wenn ein Wechsel der Arbeitsstelle bevorsteht, wenn man in eine weit entfernte fremde Stadt ziehen muss, wenn die Liebe sich *nicht* gut anfühlt. Verbindlichkeit basiert nicht auf Gefühlen. Sie basiert auf der Entschlossenheit, gemeinsam zu überleben – komme was da wolle. Dieses Konzept wurde in einer amerikanischen Zeitschrift einmal so beschrieben: „Liebe beginnt mit romantischen Gefühlen, aber Ehen werden auf der Entscheidung zur Verbindlichkeit gebaut. Das heißt: Zwei Menschen entscheiden sich, laut ihrem Eheversprechen entsprechend der Beschreibung der Liebe in 1. Korinther 13 zu leben."[2]

Verbindlichkeit bedeutet, die einander gegebenen Versprechen einzuhalten. Das ist das Fundament für eine solide Ehe, die sich im Laufe der Lebensjahre und Jahreszeiten des Lebens verändert und reift.

Wie Kinder unser Eheversprechen verändern

Kommen wir noch einmal auf das Symbol des Ehe-Mobiles zu sprechen. Zu Anfang verbindet das Band der gegenseitigen Verantwortung nur Mann und Frau. Wird jedoch ein Kind dem Mobile zugefügt, dehnt sich die Verantwortung aus und schließt eine dritte Person mit ein. Denken Sie zum Beispiel noch einmal über die Geschichte von Jim und Rhonda und ihr „Familiengrippe-Fiasko“ nach. Wenn Rhonda, bevor sie ein Kind hatten, krank wurde, konnte Jim sie versorgen, ohne viel von seinem Schlaf zu opfern. Seine Verpflichtung galt nur den Bedürfnissen einer zweiten erwachsenen Person. In dem Moment, wo ein Kind da ist und beide, Rhonda und das Kind, gleichzeitig krank werden, ändert sich das Ausmaß von Jims Versprechen „in guten wie in bösen Tagen“ beachtlich. Um dieser Verpflichtung gerecht zu werden, bedarf es eines größeren Opfers an Zeit und Schlaf. Das bedeutet: Kinder verändern eine Ehe. Die Art und Weise, wie wir unsere Eheversprechen künftig ausleben, verändert sich mit.

Ich habe nicht begriffen,
was Verantwortlichkeit bedeutet, bis ich Mutter wurde.
Vorher war ich als Ehefrau nur unserer Ehe total verpflichtet.
Das war vergleichsweise einfach, bis wir ein Kind bekamen.
Ich möchte gern beidem gerecht werden: meiner Verpflichtung als Frau
und der als Mutter. Aber ich muss ständig geben.
Und oft fühle ich mich dieser Verantwortung nicht gewachsen.

***

Die Verpflichtung meiner Frau gegenüber schließt die Verpflichtung
gegenüber Kindern ein.

Kinder verkomplizieren unsere Verantwortlichkeit

Seinen Verpflichtungen gegenüber einem Ehepartner nachzukommen bedeutet, mit einem anderen, selbstständig denkenden Erwachsenen in angemessenem Einklang zu leben. Das heißt zum Beispiel, dass man dem anderen Zeit lässt, dass beide Einkommen zusammengelegt werden und man sich mit seinen Bedürfnissen und Wünschen abstimmt. Das beginnt mit Fragen wie: „Was machen wir am Samstagnachmittag?“ oder „Was wollen wir essen?“ Wobei die Absprache nicht sehr kompliziert ist, wenn der eine ein gebratenes Hähnchen und die andere lieber Pizza essen möchte!

Wie die Geschichte von Jim und Rhonda zeigt, komplizieren Kinder jedoch derartige Absprachen und verlangen eine größere Kompromissbereitschaft. Ein Kind stellt den Tagesablauf völlig auf den Kopf. Abends kann man nur noch selten ausgehen und an den Wochenenden gibt es kein Fastfood mehr. Vielleicht konnten Sie bisher den Tag gemeinsam mit Ihrem Partner beginnen. Sobald sich Eltern um ein Kleinkind kümmern müssen, vergessen sie jedoch ihren Partner irgendwann zwischen Aufstehen und Frühstück. In einer Ehe mit Kindern werden Absprachen also viel komplizierter. Wir stellen fest, dass wir weder *alles haben* noch *alles geben* können, sobald wir Opfer bringen müssen.

Kinder lassen uns verantwortungsbewusster werden

Kinder machen ihre Eltern verantwortungsbewusster, wodurch sie auf eine sehr positive Weise reifer werden. Das Leben dreht sich nicht mehr nur um sie als Ehepaar, sondern vielmehr um sie als Familie. In anderen Worten: Ein Ehepaar übernimmt gemeinsam die neue Verantwortung für seine Kinder. Es ist darauf angewiesen, sich diese gemeinsame Aufgabe zu teilen. Mann und Frau müssen egozentrische Bedürfnisse, wie zum Beispiel Schlaf, Zeit für sich selbst oder neue Anschaffungen, zurückstellen. Das geht meist nicht ohne inneren Kampf und Verzicht. Und gleichzeitig müssen sie im Auge behalten, was heute und in Zukunft das Beste für ihr Kind ist. Ein Mann opfert einen Fußballnachmittag, damit seine Frau Zeit für sich findet. Er weiß, das wird ihr als Mutter gut tun und nützt gleichzeitig dem Kind. Die Frau liegt ihrem Mann nicht länger mit dem Wunsch nach einem neuen Sofa in den Ohren, weil sie weiß, das angesparte Geld muss für einen Kinderwagen und Autositz ausgegeben werden. Die Verantwortlichkeit füreinander wächst und vertieft sich in dem Maß, wie Mann und Frau entdecken, dass sie in der Lage sind, weitaus mehr zu geben, als sie es je für möglich gehalten haben.

Kinder testen die Zuverlässigkeit ihrer Eltern

Genauso wie Mann und Frau den täglichen Herausforderungen der vor dem Altar abgelegten Gelübde gegenüberstehen, fordern die Kinder die Zuverlässigkeit ihrer Eltern heraus. „In guten wie in bösen Tagen" schließt ein Kind mit ein, wenn Vater oder Mutter eine Verabredung streichen müssen, weil ein Arztbesuch mit dem Kind notwendig geworden ist. Ein anderes Mal kann es sein, dass sie oder er Pläne streichen muss, weil die Familie Grippe hat. Die Kinder gemeinsam zu erziehen, weckt unterschiedliche Meinungen im Umgang mit Konflikten oder Gehorsam, was manchmal die Einheit der Ehe auf eine harte Probe stellen kann. Mit Kindern werden wir getestet, was wirklich zählt und wie ernst uns unsere gegenseitige und gemeinsame Verantwortlichkeit ist.

Ich glaubte, unser Leben würde sich wie ein Märchentraum fortsetzen: „Und sie lebten herrlich und in Freuden." Doch nach Krankheit, Arbeitsplatzverlust und vielen anderen Steinen auf unserem Weg habe ich festgestellt, dass Treue im Kleinen das ist, was eine Ehe wirklich ausmacht.

***

Die Wörter „lieben und liebkosen" haben eine neue Bedeutung für mich bekommen. Ich habe meine Frau einzig und allein aus Liebe liebkost. Heute liebkose ich sie nicht nur aus Liebe, sondern weil sie die Mutter meiner Kinder ist.

Ja, Kinder komplizieren, vertiefen und testen die Zuverlässigkeit der Ehepartner, deren Verantwortung sich auf die Kinder ausdehnt und die komplette Familie umfasst. Diese erweitere Verantwortung braucht unsere Zustimmung. Obwohl wir nicht immer so liebevoll und geduldig sind, wie wir es laut unserem Eheversprechen sein sollten, wird unsere Verantwortung füreinander dadurch, dass sie sich auf unsere Kinder ausdehnt, gestärkt.

Was bedeutet Verantwortlichkeit in der Ehe wirklich?

Bevor wir Kinder hatten, habe ich über unsere Eheversprechen gar nicht mehr nachgedacht. Erst durch die neuen Herausforderungen in unserer Beziehung verstehe ich, warum Kinder im Eheversprechen mit eingeschlossen sind.

Die Verpflichtung ist ein Versprechen

Von Kindesbeinen an wissen wir, dass ein Versprechen bedeutet: „Man steht zu seinem Wort." Das Lexikon definiert ein Versprechen als „Erklärung, etwas zu tun oder nicht zu tun." Bei der Hochzeit verpflichten wir uns also, dass wir zu unserem Versprechen stehen und unsere Ehegelübde einlösen wollen. Es ist üblich, dass dieses Versprechen in einer Kirche vor einem Geistlichen abgegeben wird und das bedeutet, dass das Versprechen auch vor Gott gilt. Darüber hinaus wird dieses Versprechen außerdem meist vor der Familie und engen Freunden geäußert. Das geht dann oft sogar so weit, dass der Geistliche Braut und Bräutigam bittet sich der Gemeinde zuzuwenden und dabei feierlich sagt: „Schaut euch diese Leute gut an, denn das sind die Menschen, die euch an eure Versprechen erinnern werden, die ihr euch heute gebt."

Bei der Hochzeit verpflichten sich auch heute noch viele Paare, ein Leben lang zusammenzubleiben. Das heißt für immer – durch alle Lebensabschnitte und Veränderungen hindurch. Im Alter von 24 Jahren hat ein solches Versprechen sein eigenes Gewicht, mit 35 ein anderes und mit 52 ist es noch einmal eine andere Sache. Aber

Wir waren uns zu Beginn unserer Ehe völlig einig, dass das Wort Scheidung nie über unsere Lippen kommen sollte, ja, wir wollten nicht einmal darüber nachdenken. Allerdings fordern uns unsere Kinder immer wieder dazu heraus, dass wir uns an unsere Verpflichtung halten.

in jedem Lebensalter beinhaltet diese Verpflichtung das Versprechen, verbindlich füreinander da zu sein. Das ist eine Verpflichtung, die durchgekaut, akzeptiert und verarbeitet werden will. Es ist eine Verantwortung, bei der man nicht das Handtuch schmeißt. Es ist ein Treueversprechen.

Elizabeth Sherrill schreibt Folgendes anlässlich ihres 50. Hochzeitstages über die Tragweite ihres Eheversprechens an ihren Mann John: „Versprechen sind gefährlich. Sie einzuhalten, bedeutet Verzicht auf einige Freiheiten. Sie zu brechen, bedeutet Verlust unserer Integrität. Obwohl wir sie *heute* abgeben müssen, sind sie für *morgen* gedacht ...“[3]

Die Verpflichtung, die ein Paar an seinem Hochzeitstag für sein *Heute* eingeht, wird zu einer ganz anderen Verpflichtung im *Morgen*, wenn sich Kinder einstellen und es Eltern wird. Anna B. Mow ergänzt diesen Gedanken, indem sie an das Versprechen erinnert, das wir Gott gegeben haben: „Unser Leben in der Verantwortung vor Gott vollzieht sich Minute für Minute. Genauso vollzieht sich unsere Verantwortung füreinander ein ganzes Leben lang von Minute zu Minute. Jeder Augenblick ist ein wichtiger Teil des Ganzen.“[4]

Mit dem Versprechen verpflichte ich mich gegenüber einer Person

Mit dem Eheversprechen verpflichte ich mich gegenüber einer bestimmten Person. Ich gebe dieser Person eine bestimmte Priorität in meinem Leben und werde eine wichtige Rolle in ihrem Leben spielen. Mit diesem Versprechen binde ich mich an diesen Menschen. In seinem bekannten Buch *Love for a Lifetime* (Liebe lebenslänglich) schreibt Dr. James Dobson: „Sich binden erinnert an den Bund, den Mann und Frau für ein ganzes Leben schließen und der sie füreinander unendlich wertvoll macht. Es ist eine Neuschöpfung, die diese Liebenden von jedem anderen Paar auf unserer Erde abgrenzt."[5]

Der Schriftsteller Tim Kimmel charakterisiert die Liebe in der Ehe als eine Verpflichtung gegenüber einem bestimmten Menschen wie folgt: „Mit der Liebe zu dir verpflichte ich mich willentlich deinen Bedürfnissen und Interessen, ungeachtet der damit verbundenen Kosten."[6] Das bedeutet, man verspricht dem Ehegefährten: „Du gehörst an die erste Stelle und ich bin verpflichtet, diese Priorität heute auszuleben. Ich weiß, dass diese Investition für gute und für böse Tage gilt."

Bei vielen Verheirateten wächst eine solche Einstellung sehr langsam und nicht ohne Wachstumsknoten. Sie setzt die Erfahrung von Hochs und Tiefs innerhalb einer Ehe voraus. Philip Yancey schreibt diesbezüglich:

Vor der Ehe möchte jeder instinktiv dem anderen gefallen. Die junge Frau möchte sexy aussehen und interessiert sich für Sport. Der junge Mann bemerkt Pflanzen und Blumen und bemüht sich, Fragen zu stellen, anstatt einsilbige Antworten zu geben. Nach der Heirat schwächt sich das Interesse ab und kehrt sich irgendwie um. Jeder besteht auf seinem Recht. Jeder weigert sich, sich dem Willen des anderen anzupassen.
Nach Jahren gibt es möglicherweise wieder eine langsame Umkehr. Ich empfinde erneut die Bereitschaft, mich auf das, was der andere möchte, einzulassen; dieses Mal in einer reiferen Weise, nicht aus dem Wunsch, den Partner zu erobern, sondern aus dem Wunsch heraus, den Partner zu erfreuen. Ich bedaure die Paare, die aufgeben, bevor sie dieses Stadium erreicht haben.[7]

Wie lebendig ist doch diese Sicht der gegenseitigen Verpflichtung! Ein Versprechen abzugeben, ist eine Sache. Es einzuhalten ist jedoch etwas völlig anderes. John T. Gosset sagt dazu als Psychologe: „Es kommt nicht darauf an, was Menschen einander versprechen. Es kommt darauf an, wie sie ihr Versprechen einlösen. Ist dieser Mensch der wichtigste Bestandteil Ihres Lebens oder nicht? Lautet die Antwort Ja, werden viele andere gute Dinge folgen. Lautet sie Nein, können viele gute Dinge nicht erlebt werden."[8]

Jeder Zoll, jeder Winkel, jede Ecke meines Lebens
ist nun mit Anforderungen gefüllt.
Meine Arbeit, meine Zeit, mein Schlaf, meine Energie, meine Finanzen.
Verbindlichkeit ist wichtig.

Die Verpflichtung einem Menschen gegenüber basiert nicht auf Gefühlen, sondern ist ein bewusster Willensakt. C. S. Lewis bringt uns auf die richtige Spur, wenn er schreibt:

> *Liebe [...] ist im Unterschied zum „Verliebtsein" nicht nur Gefühl. Es ist ein tiefes Einssein, unterstützt vom Willen und bewusst unterstützt durch Gewohnheit [...] (Ein Paar) kann diese Liebe zueinander selbst in den Augenblicken haben, wenn die beiden sich nicht mögen. Sie können diese Liebe sogar aufrechterhalten, wenn sie, falls sie es zulassen, in einen anderen verliebt sind. „Verliebtheit" hat sie dazu gebracht, sich Treue zu schwören. Die ruhigere Liebe ermöglich es ihnen, dieses Versprechen einzuhalten. Auf dieser Liebe fährt die Ehe. Verliebtheit war nur die Zündung, die die Maschine in Gang setzte.*[9]

Mit dem Versprechen verpflichte ich mich einer Person, die mein Partner ist

Dieses dritte Element einer Verpflichtung gilt vor allem für Ehepaare mit Kindern. Im wahrsten Sinne des Wortes sind alle Ehen Partnerschaften. Wenn zwei eins werden, werden sie eine Einheit nach Leib, Seele und Geist. Sie haben ein gemeinsames Lebensziel und

Die Erziehung von Kindern kann zu Meinungsverschiedenheiten führen.
Aber wir sind verpflichtet, zusammenzuhalten.

eine lebenslange Liebesgemeinschaft. Sie heiraten und ziehen zusammen. Sie treffen gemeinsam Entscheidungen über Möblierung, Dekoration und was wohin passt. Sie sprechen darüber, wen sie in ihre Wohnung einladen und treffen Entscheidungen über ihre Finanzen und Rücklagen. Vielleicht betreiben sie ein gemeinsames Geschäft. Sie sprechen sich möglicherweise ab, wie sie für ihre Familien sorgen wollen. Ein Paar handelt auf der Grundlage seiner Ehe in vielerlei Beziehung *partnerschaftlich*.

Die gottgegebenen Aufgaben als Eltern haben bei mir das Ja zur Ehe vertieft.

Darüber hinaus erfahren Ehepaare, die partnerschaftlich ihre Kinder aufziehen, in ganz besonderer Weise, was Partnerschaft bedeutet. Mann und Frau nehmen ihre Gemeinschaft in einem Höchstmaß wahr, wenn sie Eltern werden und von Anfang an das Ziel teilen, ihre Kinder gemeinsam zu erziehen. Sie nehmen die Fürsorge für ihre abhängigen und auf sie angewiesenen Kinder gemeinsam verantwortlich wahr. Sie verbinden sich in der Aufgabe, ihren Nachkommen, die ihre Eltern hoffentlich überleben werden, ein Vermächtnis für die Zukunft zu hinterlassen.

Der Gewinn gegenseitiger Verpflichtungen

In unserer Welt hungern die Menschen nach Bestätigung und der Zusicherung, dass sie geliebt sind und akzeptiert werden. Mutter Teresa fasst dieses universelle Verlangen mit den Worten zusammen: „Die schlimmste Krankheit unserer Tage ist nicht Lepra oder Tuberkulose. Es ist vielmehr das Gefühl, nicht gewollt, nicht versorgt und von jedermann gemieden zu sein. Unser größtes Übel ist der Mangel an Liebe.“[10]

Henri Nouwen, Priester und Autor von Büchern über das kontemplative Leben, unterstreicht diese Ansicht mit der Beobachtung, dass „viele unserer Nöte aus der Erfahrung entstehen, nicht ausreichend geliebt worden zu sein."[11] In unserem Herzen sehnen wir uns nach Sicherheit, die vor allem durch ausreichende Liebe entsteht. Wir brauchen die Überzeugung, dass wir wenigstens von einem Menschen vorbehaltlos geliebt werden – egal was geschieht. Und das ist wahrscheinlich der größte Gewinn, wenn ein Paar seinem Eheversprechen treu geblieben ist.

Nach der Bibel schuf Gott Ehe und Familie vor allem als den Platz, wo Beziehungen wachsen und gedeihen können. In unserer Gesellschaft sind Ehe und Familie als ein sicherer Hafen zur Versorgung und Pflege gedacht. Deshalb bietet die Ehe mit ihren gegenseitigen Verpflichtungen eine Beziehung von großer Tragkraft.

Gegenseitige Verpflichtungen bieten Ehepartnern Sicherheit

Gary Smalley drückt diesen Sachverhalt folgendermaßen aus: „Eine Pflanze braucht Sonnenlicht, wenn sie blühen und gedeihen soll. In der Ehe bedeutet ein tiefes Gefühl der Sicherheit für den Ehepartner so viel wie ein Sonnenbad. Jede Ehe, die Bestand hat, braucht bedingungslose Treue zu einem unvollkommenen Menschen. Diese Verpflichtung zur Treue schließt ein, dass Sie Ihren Partner auf verschiedene Weise überzeugen, dass, egal was passiert, Sie immer für ihn da sein werden."[12]

Ich brauche die Gewissheit, dass mein Mann mich liebt und dass ihm meine Bedürfnisse wichtig sind.

***

Verbindlichkeit bedeutet für mich, dass ich weiß, mein Mann liebt mich, auch wenn mein Körper nicht so will wie er soll – ich brauche mich nicht zu schämen.

***

Ich finde es schön, dass wir uns immer besser kennen lernen und ich mich trotzdem voll und ganz angenommen weiß.

Mit dieser Sicherheit besteht jedoch kein Garantieanspruch. Es kommt vielmehr darauf an, dass Ihr Ehepartner weiß: „Ich werde geliebt, so wie ich bin." Denn genau das haben Sie bei Ihrer Heirat versprochen. Es ist die Art von Sicherheit, die besagt: „Ich muss mich dir nicht beweisen." Eine Sicherheit, die auf Vertrauen und Achtung beruht.

Die Schriftstellerin Nicole Wise spricht ebenfalls vom Segen der Treue in der Ehe, der sich in der emotionalen Sicherheit der Ehepartner zeigt, und sagt: „Sie gewinnen beide einen Freiraum im Leben, der einzig und allein Ihnen gehört, wo die Anforderungen der Arbeit und die Ansprüche der Kinder außen vor bleiben. Daran sollten Sie stets bevorzugt arbeiten. Dieser Freiraum ist nicht etwas, das sich ein Partner durch das Lesen von Zeitschriften und Büchern schaffen kann – sie gewinnen ihn, indem sie mit sich und Ihrem Partner immer mehr eins werden."[13] Die Verantwortlichkeit füreinander schützt vor Scheidung und der machtvollen Angst, die das Wort *Scheidung* in sich birgt. Philip Yancey gesteht: „In unserem zweiten Ehejahr, als uns das Wort *Scheidung* bei unseren Streitereien als letzter Trumpf gehässig über die Lippen glitt, beschlossen wir, diese Macht zu entwaffnen. Wir versprachen uns, dieses Wort nie mehr als Drohung auszusprechen oder als Waffe zu benutzen. Darüber bin ich bis heute froh."[14]

Gegenseitige Verantwortlichkeit ist ein Schutzraum für Kinder

Wie bereits gesagt ist das Beste, was wir für unsere Kinder tun können, dass wir Eltern uns lieben. Kinder gewinnen ein tiefes Gespür der Sicherheit, wenn sie wissen, dass sich ihre Eltern gegenseitig lieb haben und, egal was kommt, zusammenhalten werden. Das Vorbild des Zusammenhalts, das sich Kinder bei ihren Eltern abschauen, dient ihnen als reiche Quelle des Vertrauens und der Sicherheit. Ja, es tut den Kindern sogar gut, wenn sie sehen, dass ihre Eltern ihre Ehe gelegentlich über die Ansprüche ihrer Kinder stellen. Der Psychologe John Rosemond argumentiert stark gegen das Opfer der Ehe zu Gunsten der Versorgung eines Kindes und mahnt: „... das stellt die Familien auf den Kopf, kehrt das Innere nach außen und verkehrt alles."[15] Die Verbindlichkeit der Eltern einander gegenüber bewahrt jedoch ihre Kinder vor der Angst und dem Schmerz einer Scheidung. Gary Kinnaman schreibt dazu: „Sollten Sie einmal dahin kommen, dass Sie bedauernd denken: *Ich bin in eine ganz erbärmliche Ehe getappt*, dann sehen Sie nur den Anfang des Elends. Sollten Sie sich daraufhin aber zu einer Scheidung entschließen, potenzieren Sie nur das Leid für sich und jedes weitere Mitglied Ihrer Familie.“[16]

Und wenn die Verpflichtung zur Treue nur einseitig ist?

Es könnte sein, dass Sie dieses Kapitel aufmerksam gelesen haben und die vielen gut gemeinten Worte auf Ihre Ehe nicht anwenden können, weil Sie sich zwar Ihrer Ehe verpflichtet fühlen, Sie jedoch befürchten müssen, dass Ihr Partner über Verbindlichkeit und Treue anders denkt. Was, wenn Sie sich mehr um die Zukunft Ihrer Beziehung sorgen als Ihr Partner? Oder vielleicht sind Sie nach der Geburt Ihres Kindes innerlich gereift, Sie haben sich verändert, Ihr Ehepartner aber nicht! Oder Ihr Partner hat sich in einer Weise verändert, die Ihnen Sorgen macht, Sie sogar ängstigt? Was ist, wenn Sie sich inzwischen fragen, ob Sie überhaupt den richtigen Menschen geheiratet haben? Wo finden Sie Hilfe oder was tun Sie, wenn Sie in diesen schmerzlichen Fragen stecken?

Verlieren Sie nicht die Hoffnung

Geben Sie nicht auf! Wie bereits erwähnt, durchlaufen alle Ehen gewisse Veränderungen. Vielleicht haben sich beide Partner nicht zur gleichen Zeit den gegebenen Veränderungen anpassen können und sind momentan nicht auf demselben Niveau. Es braucht Geduld, Arbeit und Gebet, die Balance in Ihrer Beziehung wiederzugewinnen.

In einem seiner Bestseller beschreibt Harville Hendrix, dass viele moderne Ehen wie eine Kiste funktionieren. Man sucht sich einen Freund, steigt zusammen in die Kiste, macht es sich darin gemütlich und wirft erst danach einen genaueren Blick auf seine Wahl. Wenn einem gefällt, was man sieht, bleibt man in der Kiste, wenn nicht, steigt man wieder aus und sucht sich jemand anderen. Oder man bleibt gemeinsam in der Kiste, macht den Deckel zu und bleibt für den Rest seines Lebens in einer unerfüllten, enttäuschenden Beziehung stecken.

Hendrix bietet in diesem Fall eine andere Lösung:

Ich schlage eine hoffnungsvollere und, wie ich glaube, sauberere Aussicht auf eine Liebesbeziehung vor. Die Ehe ist kein statischer Zustand zwischen zwei unveränderlichen Menschen. Die Ehe ist vielmehr eine psychologische und geistliche Reise, die mit der Ekstase der Anziehungskraft beginnt, sich durch eine felsige Strecke der Selbsterkenntnis schlängelt und in der Kreation einer intimen, glücklichen, lebenslangen Einheit mündet. Ob Sie diese Vorstellung in Ihrem ganzen Ausmaß erreichen oder nicht hängt nicht von Ihrer Fähigkeit ab, den perfekten Lebenspartner zu erwischen, sondern von Ihrer Bereitschaft, Einsichten in die verborgenen Bereiche Ihres Selbsts zu gewinnen.[17]

Offensichtlich ist das Wort *Bereitschaft* der Schlüssel. Möglicherweise sind Sie oder Ihr Partner nicht dazu *bereit*. Viele Paare, die sich ihren Krisen in der Ehe gestellt und sie überwunden haben, werden Ihnen berichten, dass die Veränderung nicht durch die Veränderung ihrer Partner geschah, sondern durch die eigene Veränderung. Darum besteht Hoffnung, indem Sie mehr über „Ihr verborgenes Selbst" lernen, vor allem, wenn Sie dabei nach Hilfe Ausschau halten. Auch in den folgenden Kapiteln dieses Buches ist von dieser Hoffnung die Rede, wenn wir von wechselseitiger Abhängigkeit (Interdependenz), Intimität, Ziele und Hoffnung sprechen.

Reden Sie mit Ihrem Partner?

Das ist so ein alter Zopf, dass Sie wahrscheinlich spontan antworten: „Na klar!" Und doch passiert es immer wieder, dass viele verheiratete Menschen, wenn es um gegenseitige Verantwortung geht, ihre

Besorgnis leugnen oder verdrängen, anstatt den Partner daraufhin anzusprechen. Für eine funktionierende Kommunikation sind die folgenden allgemeinen Richtlinien hilfreich:

Sichern Sie sich einen guten Zeitpunkt und einen geeigneten Raum zum Gespräch; das heißt fernab von Ablenkungen durch Kinder, Telefon und Fernseher. Falls möglich, planen sie den Zeitpunkt rechtzeitig. Vielleicht eignet sich ein Samstagmorgen beim Frühstück in einem Café. Vielleicht auch eine Übernachtung in einem Hotel, falls Sie das ermöglichen können.

Sprechen Sie offen und ehrlich über Ihre Sorgen. Möglicherweise können Sie sich schriftlich besser ausdrücken und Sie bereiten einen Brief vor. Und seien Sie bereit, sich die Antwort Ihres Partners genauso offen anzuhören.

Zeigen Sie Stärke

In einem seiner vielen Veröffentlichungen spricht James Dobson das Problem der gegenseitigen Verachtung in der Ehe an, das leicht zu einer Scheidung führen kann. Dabei gibt er praktische Ratschläge für den Partner, der auf jeden Fall die Ehe zusammenhalten möchte. Dobson rät, mit liebevoller Härte statt mit pathetischem Betteln zu verhandeln. Er weist darauf hin, dass Bedrängen, Wut oder Schuldzuweisung bei dem anderen das Gefühl, in eine Falle geraten zu sein, nur noch verstärkt. Wenn Liebe zur Pflicht wird und nicht mehr Privileg ist, will der weniger engagierte Partner um jeden Preis fliehen. Dobson schlägt vor, mutiger und vertrauensvoller einen Schritt in Richtung auf „den verschlossenen Käfig zu wagen und ihn zu öffnen", oder aber sich zurückzuziehen und dem Partner mehr Freiraum zu bieten, anstatt den Partner einzufangen. Oftmals rückt dann der emotional distanzierte Partner wieder näher an seinen Ehegefährten heran, als sich noch weiter zu entfernen.[18]

Suchen Sie Hilfe

In einer Krise mit einer einseitigen Bereitschaft zur Verantwortung ist der engagierte Ehepartner nicht in der Lage, ohne Hilfe von außen sein Ziel zu erreichen. Sollten Sie in einer einseitigen Ehe leben, widerstehen Sie dem Bedürfnis, Ihren Partner klein zu machen oder sich mit Klagen über ihn an Freunde zu wenden. Überlegen Sie vielmehr, aus welcher Richtung Sie wirkliche Hilfe erwarten können. Hilfe kann man in Büchern finden oder durch Menschen in seiner Gemeinde, durch einen Pastor, ein erfahrenes Ehepaar oder einen Menschen, der Ihnen ein Vorbild ist, schließlich auch durch einen Berater, der gute Referenzen hat.

Erneuern Sie Ihr Eheversprechen

Das Wort *versprechen* ist ein Verb. Wir sind immer und immer wieder gefordert, etwas zu *tun*, das heißt, uns an unser Versprechen zu halten. Wenn ein Baby dem Ehe-Mobile hinzugefügt wird, ist alles angespannt und die gesamte Konstruktion gerät aus dem Gleichgewicht. Das Paar muss sein Eheversprechen neu definieren und die ausgeleierten Fäden wieder festigen. Das bedeutet sowohl für den Mann als auch für die Frau einen erneuten individuellen Entschluss.

Neil Clar Warren unterstreicht den Wert eines solchen individuellen Entschlusses wie folgt:

> *Ein Eheversprechen bedeutet mehr, als „sich für eine Sache stark zu machen". Es fordert ein weitaus aktiveres Engagement in der Ehe, vor allem in Zeiten starker ehelicher Herausforderungen. Ein Eheversprechen ist vor allem aktiv und nicht passiv [...] Es sind riesige Versprechungen, die Sie an Ihrer Hochzeit Ihrem Ehepartner gemacht haben und sie alle sind extrem aktiv. Sie alle beinhalten ausschließlich Ihr Handeln. Dieses Handeln betrifft alleine Sie und verpflichtet Sie unmissverständlich – komme was da mag – so lange Sie leben!*[19]

Die immer wieder neuen Herausforderungen machen es tatsächlich nötig, sein *Versprechen zu erneuern*, damit das Gleichgewicht des Ehe-Mobiles wiederhergestellt wird.

Die Probleme meiner Frau kann ich nicht lösen.
Aber ich kann teilnahmsvoll zuhören.

***

„In guten wie in bösen Tagen" ist für mich heute realer denn je.
Kinder tragen zu den „guten Tagen" bei.
Allerdings sind durch sie die „bösen Tage" auch härter geworden.

Die Entscheidung, sich gegenseitig sein Eheversprechen zu erneuern, hat nichts mit Gefühlen zu tun. Vielmehr beruht es auf dem Entschlus eines Paares, das auch zu halten, was es einander in seinem Ehegelübde zugesprochen hat. Janis Abrahms Spring schreibt dazu: „Die meisten warten darauf, dass sich die Liebe von alleine wieder einstellt, um *danach* ihr Eheversprechen zu erneuern. Ich empfehle jedoch genau das Gegenteil: Das Paar muss sich *zuvor* ganz neu auf sein Eheversprechen besinnen. Erst dann kehrt die Liebe zurück."[20]

Wer die vier folgenden Versprechen bewusst verstärkt auslebt, bestätigt damit sein Eheversprechen.

Opfer

Ralph Waldo Emerson bemerkte bereits im 18. Jahrhundert: „Das größte Geschenk ist ein Teil deiner selbst." Und das gilt heute noch genauso wie vor 200 Jahren. Opfer bringen bedeutet, die Bedürfnisse des Ehepartners vor die eigenen Bedürfnisse zu stellen. Wie Gary Chapman sagt: „Die Haltung und Ausübung des Dienens erhebt die Ehe auf ihren höchsten Stand."[21]

Opfer bedeutet, auf Schlaf zu verzichten und das schreiende Baby zu versorgen, damit der Partner weiterschlafen kann. Opfer bedeutet, seine freie Zeit einzusetzen und das Geschirr oder die Wäsche zu waschen, ohne darum gebeten zu werden. Opfern bedeutet, das letzte Stück Kuchen für den Mann übrig zu lassen oder den unbequemeren Stuhl zu wählen, damit er sich auf der Couch ausstrecken kann. Opfer heißt, seiner Frau das Auto mit den besten Winterreifen und der besseren Heizung zu überlassen. Opfer bedeutet, ein wenig von seiner Bequemlichkeit abzugeben und es seinem Ehepartner bequemer zu machen.

Liebenswürdigkeit

Les und Leslie Parrot, Eheberater und selbst Eltern kleiner Kinder, schreiben: „Liebenswürdigkeit gehört zur Liebe. Sie entspringt einer nicht berechnenden Haltung, die weder Bezahlung noch Applaus einkalkuliert. Liebenswürdigkeit ist die Bereitschaft der Liebe, das Leben eines anderen Menschen zu verschönern."[22]

Klingt nicht viel anders als Opferbereitschaft, oder? Ja, das stimmt. Es ist eine *Art Opferbereitschaft*. Die Opferbereitschaft stellt die eigenen Bedürfnisse hinter die Bedürfnisse des Partners zurück. Liebenswürdigkeit erfordert nicht unbedingt ein Opfer. Sie ist einfach nur ein Verhalten, das das Leben eines Menschen, den wir lieben, verbessert.

Liebenswürdigkeit trägt eine Tasse Kaffee ans Bett des Ehepartners. Sie ruft einen Babysitter an und überrascht die Ehefrau mit einem Abendessen außer Haus. Sie schirmt den Sonntagnachmittagsschlaf des Ehemanns vor einem Telefonanruf ab. Sie bemerkt das Aussehen des Partners und macht ein Kompliment. Sie sagt: „Bitte" und „Danke" und „Ich liebe dich."

Vergebungsbereitschaft

Er hat die Buletten für die Hamburger wieder mal ganz durchgebraten, obwohl sie ihre lieber zart gebraten isst. Sie macht ihm Vorwürfe, weil er sich nicht genug Zeit für die Kinder nimmt. Er hat den ganzen Nachmittag herumgehangen und nicht einmal bemerkt, dass sie inzwischen das ganze Haus geputzt und währenddessen noch die Kinder beaufsichtigt hat. Sie hat mehr Geld beim Einkauf ausgegeben, obwohl sie versprochen hatte, sparsamer zu wirtschaften. Er hat nicht einmal an ihren Geburtstag gedacht! Sie machte einen müden Eindruck und schien an seinen Fortschritten und Erfolgen nicht interessiert zu sein. In den Irrungen und Wirrungen des Alltags sind Ehen nur mit Vergebungsbereitschaft aufrechtzuerhalten. Nur durch sie allein können Ehen wieder ins Gleichgewicht gebracht werden.

Vergebungsbereitschaft duldet keinen Groll. Vielmehr unterwandert sie Unstimmigkeiten. Sie macht aus einer Mücke keinen Elefanten. Sie hält sich nicht mit belanglosen Fehlern auf. Vicke Huffman drückt es so aus: „Lebenslängliche Liebe akzeptiert die Wirklichkeit der Vergangenheit, lebt aber ohne Schuldzuweisung in die Zukunft gerichtet.“[23]

Disziplin

Liebe gelingt nur durch diszipliniert eingeübte gute Gewohnheiten, die jede Ehe braucht. Und wie alle anderen Fähigkeiten auch verbessern sich gute Gewohnheiten nur durch Übung. Richard Foster beschreibt Disziplin als „die Fähigkeit, das zu tun, *was* getan werden muss, *in dem Moment,* in dem es getan werden muss.“ Wenn durch die Geburt eines Kindes die Aufgaben innerhalb einer Ehe neue durchdacht werden müssen, sollten Mann und Frau die Disziplinen Opferbereitschaft, Liebenswürdigkeit und Vergebungsbereitschaft täglich praktizieren. Wer diese Disziplinen im Kleinen übt, wird sie auch dann anwenden können, wenn sie einmal in größerem Umfang von Nöten sind.

Als Paar sind Ihnen vielleicht noch andere Verhaltensweisen bewusst, von denen Sie wissen, dass sie zu einem guten Miteinander und zu Ihrer Ehe gehören. Zum Beispiel können Sie vereinbaren, dass Sie nicht die Familie des anderen und deren Angehörige kritisieren oder keine geringschätzigen Äußerungen wie „Du bist genau wie deine Mutter“ machen. Sie können vereinbaren, dass sich der andere bei einem Konflikt nicht schweigend zurückzieht. Sie können verabreden, dass Sie sich telefonisch verständigen, wenn einer von Ihnen sich mehr als eine halbe Stunde verspätet. Wenn Sie ähnliche Vereinbarungen getroffen haben, dann üben Sie diese Disziplin bitte ein und halten sich daran!

Zusammenfassung

Gute langjährig funktionierende Ehen basieren auf einem starken Verantwortungsbewusstsein der Ehepartner, die sich treu bleiben und einander durch alle wechselnden Lebensumstände lieben, die miteinander an Schwierigkeiten wachsen und sich gemeinsam verändern, als Mann und Frau *und* Mutter und Vater. Sie lernen verbindlich zu lieben, wie Gott uns zu lieben gelehrt hat.

Viele Paare lassen bei ihrer Trauung 1. Korinther 13,4–8 vorlesen, weil in diesen Versen die Liebe so definiert wird, wie Gott sie versteht. Die dort zu lesenden Worte geben eine Richtschnur für die perfekte Liebe, an der wir unsere eigene Liebe messen können. Wer versucht, diese Definition einer perfekten Liebe in aller menschlichen Unvollkommenheit auszuleben, wird sicherlich scheitern. Und doch finden wir in den Bibelworten einen Maßstab, nach dem wir unsere Liebe ausrichten, an dem wir wachsen, uns verändern und besser lieben lernen können:

> *Liebe ist geduldig und freundlich. Sie kennt keinen Neid, keine Selbstsucht, sie prahlt nicht und ist nicht überheblich. Liebe ist weder verletzend noch auf sich selbst bedacht, weder reizbar noch nachtragend. Sie freut sich nicht am Unrecht, sondern freut sich, wenn die Wahrheit siegt. Diese Liebe erträgt alles, sie glaubt alles, sie hofft alles und hält allem Stand. 1. Korinther 13,4–8 (HfA)*

Wenn wir uns nach dieser Liebe richten, sollten wir nicht nach guten *Gefühlen* fragen, sondern hier geht es um den Entschluss, unserem Eheversprechen treu zu bleiben.

James Dobson schreibt dazu: „Ein großartiger Start in eine langlebige Ehe reicht nicht aus. Man braucht den festen Willen, sich und dem anderen treu zu bleiben, selbst wenn jede Faser unseres Körpers sich nach etwas anderem sehnt. Nur so bringt man eine Ehe zu einem guten Ende. Bleiben Sie dran!“[24]

Mobilmacher Nr. 1: Zum Schmunzeln

Auch so kann die Liebe abkühlen

Aus einer oft zitierten Geschichte:

Eine Frau begleitet ihren Mann zum Arzt. Nach der Untersuchung bittet der Arzt sie allein zu sich in sein Sprechzimmer.

Er sagt: „Ihr Mann ist schwer erkrankt. Er leidet unter Stress. Wenn Sie nicht befolgen, was ich Ihnen jetzt rate, wird Ihr Mann bald sterben. Machen Sie ihm jeden Morgen ein gesundes Frühstück. Seien Sie freundlich zu ihm und sorgen Sie dafür, dass er in guter Stimmung ist. Geben Sie ihm ein nahrhaftes Mittagessen. Und Abends sollten Sie ihm ein ganz besonders hübsches Mahl bereiten. Belasten Sie ihn nicht mit Hausarbeit, denn er hat bestimmt einen schweren Tag hinter sich. Sprechen Sie nicht mit ihm über Ihre Probleme. Das verstärkt seinen Stress nur unnötig. Und ganz wichtig: Befriedigen Sie Ihren Mann sexuell mehrmals wöchentlich und erfüllen Sie ihm jeden Wunsch. Wenn Sie das in den nächsten zehn Monaten beachten, wird Ihr Mann, so hoffe ich, wieder ganz gesund werden."

Auf dem Heimweg fragte der Mann seine Frau, was ihr der Arzt über seinen Zustand gesagt habe.

„Er hat gesagt, dass du bald sterben wirst", antwortete sie ihm.

Mobilmacher Nr. 2: Erneuern Sie immer wieder einander Ihre Versprechen

Wiederholen Sie Ihre Gelübde

An Ihrer Hochzeit haben Sie einige wichtige Gelübde ausgesprochen. Können Sie sich an diese Versprechen erinnern? Falls nicht, schreiben Sie Ihr Gelübde auf, damit Sie es Jahr für Jahr nachlesen können.

Sprechen Sie darüber, ob Ihr Verständnis bezüglich dieser Verpflichtungen gewachsen ist und Sie verändert hat und ob Sie diese Versprechen nun besser verstehen können. Erinnern Sie einander an Ihre Gelübde, besonders wenn Sie sich verändert haben und in Ihre Aufgaben hineingewachsen sind. Oder, wie Anne Ortlund es sagt: „Heiraten Sie immer wieder neu – aber bitte immer wieder dieselbe Person."[23]

Sollten Sie Ihre eigenen Gelübde nicht mehr finden können, hier sind einige aus einer traditionellen Trauzeremonie wiedergegeben, deren Worte Ihnen helfen sollen, Ihre Gelübde einander neu zuzusprechen:

Pfarrer: „Liebe Gemeinde! Wir sind vor dem Angesicht Gottes versammelt, um die heilige Ehe, die Gott eingesetzt hat, zu segnen. Wir wollen uns darum daran erinnern, dass Gott die Ehe erfunden, geheiligt und gesagt hat: „Darum wird ein Mann Vater und Mutter verlassen und seinem Weib anhangen. Durch seine Apostel hat er denen, die eine solche Bindung eingehen, befohlen, einander zu ehren und zu lieben, die Krankheiten und Schwachen des anderen zu ertragen, einander zu trösten in Krankheit, Schwierigkeiten und Leid, füreinander und für ihr Haus zu sorgen, füreinander zu beten und einander zu ermutigen, und miteinander zu leben, bis dass der Tod sie scheide. Die Ehe darf daher nicht leichtfertig und unbedacht eingegangen werden, sondern wohl überlegt und voll Ehrfurcht.

Willst du ________________ zur Frau nehmen und mit ihr in einer Ehe leben? Willst du sie lieben, ehren und achten in guten und in bösen Tagen und ihr treu sein, bis dass der Tod euch scheide? Dann antworte mit Ja."

Mann: „Ja!"

Pfarrer: „Und ________________, willst du ________________ zu deinem Mann nehmen und mit ihm nach Gottes Gebot in den heiligen Stand der Ehe treten? Willst du ihn lieben, versorgen und ehren und zu ihm stehen in guten und in bösen Tagen und ihm treu sein bis dass der Tod euch scheide? Dann antworte Ja."

Frau: „Ja!"

Das Versprechen des Mannes: „Ich, ______________, will dich, ______________, zu meiner Frau nehmen, dich lieben und ehren in guten wie in bösen Tagen, von diesem Tag an bis dass der Tod uns scheide."

Versprechen der Frau: „Ich, __________________, will dich, ______________, als meinen Mann annehmen, dich lieben und ehren in guten wie in bösen Tagen, von diesem Tag an bis dass der Tod uns scheide."

(Während der Mann seiner Braut den Ring an den Finger steckt:)

Mann: „Diesen Ring gebe ich dir erneut als Zeichen unserer Treue und bleibenden Liebe."

(Während die Frau ihrem Bräutigam den Ring an den Finger steckt:)

Frau: „Mit diesem Ring vermähle ich mich mit dir erneut im Namen des Vaters und des Sohnes und des Heiligen Geistes."

Pfarrer: „Wo du hingehst, will auch ich hingehen, und wo du wohnst, will auch ich wohnen; dein Volk sei mein Volk und dein Gott sei mein Gott."

(Hier kann ein Gebet folgen, das mit einem Kuss und anderen Zeremonien seinen Abschluss findet).[26]

Analysieren Sie Ihre Versprechen

Wenn Sie die traditionellen Ehegelöbnisse analysieren, werden Sie sechs verschieden Aspekte entdecken:

1. Ich will dich lieben, bis dass der Tod uns scheide.
2. Ich will dich ehren, bis dass der Tod uns scheide.
3. Ich will alles für dich sein, was ein Mann oder eine Frau ihrem Ehepartner sein kann.
4. Ich will meine Liebe nur dir allein schenken und mich in niemand anderen verlieben.
5. Diese vier Bedingungen sollen unter allen Umständen gelten, bis dass der Tod uns scheide.[27]

Schreiben Sie Ihre Gelübde mit eigenen Worten auf

Hier einige Beispiele:

- Ich will bei dir bleiben, was dir oder mir auch geschehen mag, so lange wir beide leben.
- Wenn du deine Arbeit verlierst, werde ich bei dir bleiben.
- Wenn du in irgendeiner Weise behindert sein solltest, werde ich an deiner Seite sein.
- Wenn wir aufeinander zornig sind, verspreche ich dir, dass ich glaube, der Streit geht vorüber, und ich werde trotzdem bei dir bleiben.
- Wenn wir einander überdrüssig sind, verspreche ich dir, alles zu tun, damit es wieder besser wird.
- Wenn die Dinge gut laufen, werde ich auch da sein, sodass alle Erfolge geteilte Erfolge sein werden.[28]

Erinnern Sie sich gegenseitig an Ihren Hochzeitstag

Lassen Sie Ihre Hochzeitsbilder nicht in einem Album verschwinden. Verteilen Sie einige gerahmte Hochzeitsfotos in Ihrem Haus oder stellen Sie einige in Ihrem Wohnzimmer oder Schlafzimmer auf, dort wo Sie sie sehen und sich an Ihren Hochzeitstag erinnern können, und an das, was Sie einander versprochen haben.

An jedem Hochzeitstag, den Sie gemeinsam erleben, halten Sie sich bei den Händen, hören Sie sich Ihre Gelübde an und wiederholen Sie damit in Gedanken Ihre Hochzeit.

Mobilmacher Nr. 3: Verpflichten Sie sich neu zur Liebenswürdigkeit

Erinnern Sie sich noch, wie Sie sich in Ihrer ersten Verliebtheit täglich etwas Liebenswertes für Ihren Partner einfallen ließen? Das waren kleine Gesten, mit denen Sie zum Ausdruck brachten: „Ich liebe dich." Führen Sie diesen Brauch wieder ein! Wir geben Ihnen einige Anregungen, über die Sie nachdenken können:

Setzen Sie die Goldene Regel ein

Der Sinn der Ehe ist Gemeinsamkeit und nicht Manipulation. Gott bringt zwei Menschen zusammen, damit er durch ihre gegenseitige Liebe und durch ihre Liebe zu anderen Menschen geehrt wird.

Eine Möglichkeit, wie wir anfangen können, die Liebe, die Gott ehrt, zum Ausdruck zu bringen, ist die Anwendung so genannter „Goldener Worte" auf den Ehepartner. Der wahrscheinlich meist zitierte Vers der Bibel ist der Ausspruch Jesu: „Liebe deinen Nächsten wie dich selbst." Auf die Ehe angewendet, würde er etwa so lauten: „Tu für deinen Ehepartner das, was du selbst von ihm erwartest."

Was heißt das praktisch? Stellen Sie sich einfach vor, was Ihr Partner Ihnen Liebes tun könnte, und dann tun Sie es für Ihre Frau oder Ihren Mann. Einige Ehepartner haben folgende Vorschläge ausprobiert:

- Lobe mich, wenn du gut findest, was ich tue.
- Mach mir an einem ungemütlichen Samstag eine Tasse heiße Schokolade.
- Geh mit den Kindern in den Park, damit ich etwas Zeit für mich habe.

Andere Liebenswürdigkeiten

Nachstehend finden Sie einige andere Liebenswürdigkeiten, die Opfer und Dienstbereitschaft verlangen, aber möglicherweise Ihre Ehe bereichern können:

- Bereiten Sie die Kaffeemaschine am Abend vor und stellen Sie zwei Kaffeetassen auf den Tisch.
- Erfinden Sie Ihre eigene Zeichensprache, die besagt: „Ich liebe dich."
- Sagen Sie: „Geh wieder schlafen, Liebling. Ich versorge das Baby schon."

- Wechseln Sie als Erster die verschmutzten Windeln.
- Räumen Sie die Küche gemeinsam auf, wenn die Kinder im Bett sind.
- Erledigen Sie auf dem Heimweg einige Besorgungen.
- Gehen Sie gemeinsam zum Supermarkt. Teilen Sie sich die Einkaufsliste und schauen Sie, wer zuerst fertig ist.
- Sagen Sie schnell: „Es tut mir Leid!", wann immer es notwendig ist.
- Nehmen Sie den anderen wahr: die neue Frisur, den Schnitt im Finger, die neuen Schuhe.
- Seien Sie im Beisein der Kinder und anderer Menschen höflich zueinander.
- Stehen Sie für den anderen auf.
- Hören Sie zu! Hören Sie wirklich zu mit all den Ihnen zur Verfügung stehenden Sinnen.
- Tanken Sie rechtzeitig, wenn Sie wissen, dass Ihr Partner als Nächstes das Auto benutzt.
- Nehmen Sie die freundlichen Gesten wahr, die man Ihnen gegenüber zeigt. Sagen Sie: „Danke!"
- Seien Sie freundlich, wenn die Schwiegereltern anrufen.
- Achten Sie darauf, dass jeder von Ihnen nach einer Fahrt zum Supermarkt noch Geld für einen Imbiss in der Tasche hat.
- Sorgen Sie für frische Handtücher, wenn Ihr Partner duscht.
- Erinnern Sie sich an besondere Projekte, an denen Ihr Partner arbeitet und fragen Sie, wie es mit seiner Arbeit vorangeht. Nehmen Sie regen Anteil an dem, was Ihr Partner schafft oder was ihm Schwierigkeiten macht.

Mobilmacher Nr. 4: Liebe ist . . .

Von den Bibelversen aus 1. Korinther 13 abgeleitet folgen einige neue Definitionen von „Liebe ist ..." Vergleichen Sie diese mit der Zusammenfassung dieses Kapitels.

Liebe ist ...

... langsam zum Misstrauen (schnell zum Vertrauen).
... langsam zum Verurteilen (schnell zum Verteidigen).
... langsam zum Tadeln (schnell zur Nachsicht).
... langsam zum Geringschätzen (schnell zum Wertschätzen).
... langsam zum Fordern (schnell zum Geben).
... langsam zum Provozieren (schnell zum Einlenken).
... langsam zum Hindern (schnell zum Helfen).
... langsam zum Beleidigtsein (schnell zum Verzeihen).[29]

Mobilmacher Nr. 5: Erinnern Sie sich gegenseitig daran, wie Sie sich kennen gelernt haben und sprechen Sie oft darüber

Wie haben Sie sich kennen gelernt? Wie waren die ersten Tage oder Monate danach? Holen Sie Ihre Hochzeitsfotos an jedem Hochzeitstag hervor und sprechen Sie über Ihre Heirat. Man wird Sie noch oft bitten, Ihre Liebesgeschichte zu erzählen, besonders werden Ihre Kinder Sie danach fragen. Darum erinnern Sie sich an alle Einzelheiten! Schreiben Sie sie nieder, damit Ihre Geschichte Sie überlebt. Die nachfolgenden Fragen können Ihnen dabei eine Hilfe sein:

- Wann haben Sie Ihren Partner das erste Mal gesehen?
- Wann das zweite Mal?
- Was hat Sie gegenseitig angezogen?
- Wo haben Sie sich das erste Mal verabredet?
- Welches Lieblingslied hatten Sie gemeinsam?
- Welche Verabredung war die schönste?
- Wie haben Ihre Familien und Freunde auf Ihre große Liebe reagiert?
- Erinnern Sie sich an besondere „Liebestaten“ dieser ersten gemeinsamen Zeit? Ein Schokoladenkuchen, Notizen an der Windschutzscheibe, ein selbst gestrickter Pullover?

- Mit welchen Kosenamen haben Sie sich angesprochen?
- Wann und wie haben Sie sich verlobt?
- Haben Sie eine Hochzeitsreise gemacht? Und warum sind Sie gerade dorthin gefahren?
- Was lieben Sie heute mehr an Ihrem Mann als damals?

Mobilmacher Nr. 6: Verlässlichkeit schafft Sicherheit

Gegenseitige Verlässlichkeit schafft Sicherheit für Ihre Ehe. Wir machen Ihnen nun im Folgenden einige Vorschläge, wie Sie Ihre Beziehung festigen können:

- Sagen Sie regelmäßig: „Ich liebe dich."
- Streichen Sie das Wort *Scheidung* für immer aus Ihrem Vokabular.
- Machen Sie langfristige Pläne miteinander.
- Kultivieren Sie Beispiele Ihrer gegenseitigen Verlässlichkeit.
- Achten Sie die Gedanken und Gefühle Ihres Partners.
- Halten Sie sich an Christus und sorgen Sie dafür, dass Ihre Familie geistlich gesund bleibt.

Mobilmacher Nr. 7: Strategien, wie Sie Ihre Ehe schützen können

Nachfolgend geben wir an Sie weiter, was ein Paar für den Zusammenhalt seiner Ehe für wichtig hält:

Sorgen Sie immer dafür, dass Ihnen Ihre Ehe Freude macht und Sie erfüllt. Eine Ehe, in der Vertrauen und Intimität in Verbindung mit der Freude an einem gesunden Sexualleben wächst, ist eine so glückliche Verbindung, die niemand zu gefährden wagt. Entwickeln Sie immer wieder gemeinsame Interessen. „Schleichendes Auseinanderleben" (durch die Tendenz, sich in eigene Aktivitäten und Interessen zu vertiefen, die wir selten mit unserem Ehepartner teilen) kann zu einem Ehe-Killer werden.

Verpflichten Sie sich zur Treue in Ihren Gedanken! Die meisten von uns werden hin und wieder von einem Menschen angezogen, der nicht unser Ehepartner ist. Das ist an sich keine Sünde. Wir sind sexuelle, emotionale Wesen, die in der Lage sind, Verbindungen zu anderen zu knüpfen, besonders zu Menschen, mit denen wir eng zusammenarbeiten oder die wir häufig sehen. Die Frage ist nur, wie wir darauf reagieren: Denken Sie über den anderen nach, lassen Sie Ihre Fantasien zu und nähern Sie sich dem anderen mehr und mehr, oder lenken Sie diese sexuelle Energie auf Ihren Ehepartner und Ihre Ehe um?

Weigern Sie sich, unnötige Risiken einzugehen! Reduzieren Sie die Möglichkeiten der Versuchungen, indem Sie jede berufliche Aufgabe, jedes Amt und jedes soziale Engagement daraufhin prüfen, ob es Ihrer Ehe zuträglich ist. Das könnte bedeuten, dass Sie Verabredungen außerhalb Ihrer beruflichen Arbeitszeit, bei denen Ihr Partner ausgeschlossen ist, nicht wahrnehmen oder dass Sie Alternativen vorschlagen, die Ihrer Ehe besser bekommen.

Halten Sie die Augen für subtile Gefahren offen! Bleiben Sie auf dem Laufenden über gesellschaftliche Trends, denn dadurch können Sie Gefahren erkennen. So sieht zum Beispiel der Trendforscher George Barna in seinem Buch *The Frog in the Kettle* (Der Frosch im Teekessel) den derzeitigen Trend sich noch stärker entwickeln und sagt voraus, dass ab dem Jahr 2000 „die Amerikaner tatsächlich glauben, dass ein komplettes Leben mit ein und demselben Partner nicht nur unüblich, sondern auch unnötig ist." Man darf vor diesen gesellschaftlichen Trends, die unsere Ehe bedrohen, nicht einfach passiv die Augen verschließen. Es bedeutet Arbeit, die Angriffe von unserer Haustür abzuwehren, seine Gedanken sauber zu halten, unnötige Risiken zu vermeiden und selbstbewusst gegen den Strom zu schwimmen.[30]

Mobilmacher Nr. 8: Lieben lernen

Trainiere unsere Liebe

Trainiere unsere Liebe,
damit sie wachsen möge
langsam – ständig – tiefgründig;
bis unsere Herzen überfließen,
rückhaltlos und (dienst)bereit.
Nimm sie unter deine Kontrolle,
Herr;
stärke du sie durch und durch.
Lehre uns Geduld,
Behutsamkeit,
Zärtlichkeit und
Selbstbeherrschung.
Vertiefe sie im Laufe der Jahre.
Lass sie altern und reifen
bis wir im Alter
durch und durch
immer noch
Liebende sind.

Ruth Bell Graham[31]

Fragen zur gemeinsamen Diskussion

- Was bedeutet uns unser Eheversprechen heute?
- Inwieweit haben Kinder unser Eheversprechen verändert?
- Welches Versprechen lässt sich leicht ausleben?
- Welches Versprechen stellte die höchste Anforderung?
- Wo haben wir erfahren, dass es sich lohnt, seinem Versprechen treu zu bleiben?
- Womit kann ich dir eine Freude machen?
- Wie können wir heute unser Eheversprechen ausleben?
- Wollen wir unser Versprechen an unserem Hochzeitstag neu überdenken?

Wechselseitige Abhängigkeit

Die Beziehung neu entdecken

Was ist aus uns geworden, seitdem wir zu dritt sind?

Ben legte seufzend den Hörer auf, ordnete die Dinge auf seinem Schreibtisch, gab seinem Assistenten noch einige letzte Anweisungen und verließ das Büro. *Warum bin ich nur so sauer seit dem Anruf?*, fragte er sich, während er den Wagen nach Hause lenkte.

Seine Frau hatte angerufen. Sie stand voll unter Zeitdruck. Ihr fast dreijähriger Sohn war gerade in dem Alter, wo er eigentlich noch einen Mittagsschlaf brauchte aber nicht mehr schlafen wollte. Andrea hatte an diesem Abend eine große Sitzung – sie war Mitglied in dem Vorstand einer Firma – und hatte sich noch nicht darauf vorbereiten können. Deshalb hatte sie Ben angerufen.

Dass Andrea ihn mitten in seinem Projekt, das bereits seit einigen Wochen fällig war, unterbrochen hatte, war eigentlich nicht der Grund seiner Verärgerung. War er vielleicht genervt, weil sie ihn gebeten hatte, früher nach Hause zu kommen, um ihr zu helfen?

Als Ben in die Einfahrt bog, grübelte er immer noch über die Sache nach. Beim ersten Schritt ins Haus überfiel Andrew ihn sofort.

„Papa ist da!“, schrie er, stürmte auf seinen Vater los und umschlang seine Knie mit seinen Ärmchen.

„Wie geht es meinem kleinen Mann?“, fragte Ben, schnappte sich seinen Sohn und ließ ihn wie ein Flugzeug durch das Wohnzimmer in die Küche fliegen, wo Andrea mit dem Telefon zwischen Kopf und Schulter in einem Topf rührte. Überall lagen – zwischen verstreutem Mehl und Zucker – halb fertige Esswaren herum. Auf dem Küchentisch stapelten sich Aktenordner, Papiere und Briefe.

Puuuh, was für ein Durcheinander!, ging es Ben durch den Kopf.

Andrea telefonierte weiter, rollte Ben mit den Augen zu und deutete mit einem verzweifelten Blick auf die Uhr. Ben küsste sie auf die Stirn und setzte sich mit Andrew an den Tisch, der sich kichernd aus Vaters Armen zu befreien suchte. Dabei stieß er die Aktenordner um und die Papierstapel auf dem Tisch flogen in alle Richtungen.

„Ben!", zischte Andrea ihrem Mann zu und hielt dabei die Hand über die Sprechmuschel. „Ich dachte, du bist nach Hause gekommen, um mir zu helfen! Ich hatte gerade alles geordnet!"

„Sah mir nicht gerade nach Ordnung aus!", verteidigte sich Ben.

Andrea warf ihm einen bösen Blick zu, kehrte ihm den Rücken und setzte ihr Telefongespräch fort. Ben befahl Andrew, leise zu sein und begann, die Papiere vom Fußboden aufzusammeln.

„Das kann ja lustig werden!", seufzte er. „Andrea war doch früher nicht so schlecht organisiert."

Er dachte an ihre ersten Ehetage zurück, als sie sich aus ihrer Karriere zurückgezogen hatte und ihr der Haushalt, das Einkaufen und Kochen Freude zu machen schienen. Er hatte sie immer bewundert, wie gut sie mit vielen Dingen auf einmal fertig werden konnte. Eigentlich bewunderte er sie immer noch. Unglaublich! Und doch hatte sich so vieles geändert. Das Kind hatte sie beide verändert. Andrea war eine großartige Mutter. Aber die Dinge liefen ihr nun manchmal aus dem Ruder.

Und warum, bitte, musste er nach Hause kommen, um ihr zu helfen? Seine Mutter hätte niemals seinen Vater gebeten, das Büro früher zu verlassen, um ihr zu helfen! Aber damals war seine Mutter auch nicht in Ausschüssen engagiert und als Wirtschaftsberaterin in Teilzeit tätig gewesen. Was würde sein Vater dazu sagen, wenn er wüsste, dass Ben bereits um 15.20 Uhr am Mittwochnachmittag mit seinem Kleinkind spielte, während seine *Frau* arbeitete? Ben fragte sich, was noch aus ihm werden würde.

Endlich legte Andrea den Hörer zur Seite und eilte an den Tisch, wo Andrew sich gerade wieder über die Papiere hermachen wollte.

„Ben! Bitte! Bitte, spiel mit ihm draußen, damit ich noch etwas getan bekomme!"

„Was gibt es denn zu Essen?", fragte Ben, während Andrew bereits aus der Küche lief und seine Spielsachen aus dem Wohnzimmer holte.

„Ich weiß es nicht!", rief seine Frau entnervt und zog eine Muffin-Form aus dem Ofen. „Da musst du dich selbst drum kümmern. Aber fass diese hier nicht an. Die brauch ich für meine Sitzung!"

„Du hättest ja auch früher mit all dem hier anfangen können. Dann würdest du jetzt nicht in diesem Chaos stecken!", entgegnete Ben.

„Ben, ich schätze es sehr, dass du nach Hause gekommen bist. Aber ich schätze deine Ratschläge, wie ich meine Zeit einzuteilen habe, überhaupt nicht. Ich vertue meine ganze Zeit mit deinem Sohn Andrew! Du vergisst wohl, dass *ich* keinen Assistenten mehr habe wie du. Ich hatte alles im Griff, als ich noch alles selbst bestimmen konnte. Doch nun habe ich keine Zeit mehr, irgendetwas ordentlich zu Ende zu bringen. Und darum muss ich dich um Hilfe bitten. Dein Leben hat sich in den letzten drei Jahren nicht wesentlich verändert. Aber mein Leben ist völlig entgleist!" Tränen stürzten ihr in die Augen. Sie wischte sie rasch mit dem Handrücken weg. „Manchmal frage ich mich, was aus mir geworden ist."

Kinder verändern uns

Mit der Geburt eines Kindes werden auch Vater und Mutter geboren. Diese neue Stellung verändert das Wesen eines Mannes und einer Frau individuell und gleichzeitig auch ihre Ehe. In vieler Hinsicht ist das eine wunderschöne Veränderung, denn Mann und Frau werden durch ihre neue Identität als Eltern bereichert. Ihr Gesichtsfeld weitet sich. Andererseits sind die verwirrenden Veränderungen in jedem Einzelnen und als Paar eine starke Herausforderung. Die Ehe fordert uns tatsächlich ständig heraus, dass wir immer wieder Veränderungen und Wachstum wahrnehmen, akzeptieren und uns entsprechend anpassen. Wie sehr ein Kind Mann und Frau verändert, haben wir in einigen Punkten festgehalten.

Ich hatte das Gefühl, dass sich das Leben meines Mannes
und auch seine Bedürfnisse nicht wesentlich verändert hatten.
Mein Leben hatte sich dagegen völlig verändert ... mein Tagesablauf,
meine Freunde, meine Prioritäten. Es ist frustrierend, sich das alles vorzustellen
und es ihm in einem guten Ton und ohne Ärger zu erklären.

***

Die Kinder haben uns als „Team" näher zusammengebracht.
Wir haben uns gegenseitig ergänzt.

***

Die beste Veränderung durch unsere Elternschaft erkenne ich in der
Veränderung meiner Frau als Mutter und in meiner Veränderung als Vater,
denn ich beobachte, dass sich dadurch unsere Liebe zueinander vertieft.

Wir verändern uns als Individuum

Unsere Individualität ändert sich in dem Moment, wo wir Vater oder Mutter werden. Stellen wir uns noch einmal das Konzept eines Paares in unserem Ehe-Mobile vor, wo Mann und Frau miteinander verbunden sind und in schönem Gleichgewicht daherschweben. Wird diesem Mobile ein Kind angehängt, sind Mann und Frau nun gleichzeitig mit dem Kind verbunden. Das schafft eine neue Struktur und die ursprüngliche Balance der Zweiergemeinschaft ist ein für alle Mal dahin.

Für eine Frau bedeutet die Geburt eines Kindes eine körperliche und eine emotionale Veränderung. Mutter und Kind sind auf geheimnisvolle Weise miteinander verwoben. Ihr Körper gehört nun nicht mehr ihr allein, sondern wird zum Mutterschoß, zum Nest und zur Versorgungsstation für ein Kind. Die unwillkürlichen intensiven Reaktionen ihres Körpers auf das Kind schockieren sie. Beim Schrei ihres Kindes fließt sofort die Milch, ganz gleich ob sie sich mitten im Einkaufszentrum befindet. Nachts schreckt sie beim leisesten Wimmern ihres Kindes aus dem Tiefschlaf hoch. Sie nimmt den Grund dieses Schreiens instinktiv war und reagiert entsprechend darauf. Ihr Herz wird von einer ganz neuen schützenden

Liebe durchflutet. Katherine Hadley drückt das so aus: „Die Entscheidung für ein Kind bedeutet für eine Frau: Sie lässt es zu, dass ihr Herz fortan für immer außerhalb ihres Körpers schlägt."[1]

Nicht alle Veränderungen sind unbedingt willkommen, denn sie begrenzen sich nicht auf die hübschen kleinen Bereiche, in denen sie zunächst sichtbar werden. Und langsam breiten sich die Veränderungen auf alle Lebensbereiche aus. Die körperlichen Veränderungen zum Beispiel beeinträchtigen sehr oft das Selbstbewusstsein einer Frau. Eine Mutter beschreibt, wie sich ihr einst graziler Körper in eine plumpe übergewichtige Figur verändert hat:

> *Schwangerschaft und Stillen „erlaubten" mir, ordentlich zu essen. Das war wunderbar! Ich hatte eine gute Entschuldigung, alles zu essen, worauf ich Appetit hatte und ich durfte Kleider tragen, die das Fett versteckten! Irgendwann verließ mich dann die Hoffnung, jemals wieder schlank zu werden. Also machte ich mir über mich selbst keine Gedanken mehr und widmete mich voll und ganz den Kindern. Sie waren mein Stolz und meine Freude – das war ein Gefühl, das ich so noch nie erlebt hatte.*[2]

Ich beobachte gern, wie meine Frau sich freut, Mutter zu sein.

Bei einem Mann geschieht die Veränderung eher allmählich und meist äußerlich. Die Schwangerschaft seiner Frau bringt ihn als Vater zunächst häufig unter finanziellen Druck. Nach einer Weile ist er dann aber sehr stolz auf seine männliche Fortpflanzungsfähigkeit. Er wird eine Familie haben! Nachdem schließlich der Mann Zeuge der wunderbaren Geburt seines Kindes war, staunt er über seine Reaktion auf Frau und Kind. Das Kind verspricht ihm eine Zukunft, die er sich so nicht hatte vorstellen können. Und seine Frau – Wow! Unglaublich, wie sie mit solch einer Geburt fertig wird! Sein Jäger- und Beschützer-Instinkt wird geweckt und verpflichtet ihn, für seine junge Familie zu sorgen und sie zu beschützen.

Anschließend wird er mit der Realität konfrontiert, in welchen Bereichen ihn sein Wissen und seine Fähigkeiten verlassen. Er fragt sich: „Wieso weiß sie, welcher Schrei ‚Ich bin nass' bedeutet und welcher ‚Ich habe Hunger?' Er zieht daraus den Schluss, dass seine Frau mysteriöse Gaben besitzt, die ihm fehlen. Andererseits mag er morgens nicht zur Arbeit gehen; er könnte ja einen Teil der Entwicklung seines Kindes verpassen! Und doch ist er andererseits ganz froh, dass er diese verwirrende Welt des Neugeborenen verlassen kann.

Im Laufe der Jahre entdeckt er dann immer mehr seine Rolle als Vater, erinnert sich an das Verhalten seines eigenen Vaters und beobachtet das Gehabe anderer Väter in seiner Umgebung und zieht daraus seine eigenen Schlüsse. Manchmal kommen ihm Zweifel und er fragt sich, was aus ihm geworden ist und ob er das Zeug hat, sowohl Ehemann als auch Vater zu sein.

Wir verändern uns als Paar

So alarmierend die Veränderungen der individuellen Identität sein können, die Veränderungen für Mann und Frau als Ehepaar können noch gravierender sein. Der Psychologe H. Norman Wright hat beobachtet: „Durch die Geburt eines Kindes wird die Identität beider Eltern auf eine Probe gestellt. Mann und Frau haben inzwischen einen Weg gefunden, wie sie ihre Identität durch den Erfolg innerhalb bestimmter leistungsorientierter Aufgaben, im Beruf oder durch besondere Fertigkeiten festigen konnten. Bei der Geburt eines Kindes werden jedoch die Qualitäten, die sie zu besitzen glaubten, schnell auf die Probe gestellt."[3]

> Mein Mann weiß nicht, wie er mir helfen soll.
> Wenn ich ein Problem anspreche, macht er Vorschläge,
> wie man es lösen kann. Ich will nicht, dass er das Problem löst.
> Er soll mir nur zuhören.
>
> ***
>
> Wir werden zu sehr unabhängig voneinander,
> wenn wir zu viel Zeit getrennt verbringen.

Die Rollenverteilung und Identität, die wir uns in der Ehe geschaffen haben, werden in der ersten Übergangszeit mächtig durcheinander gewirbelt.

O ja, die Frau ist mit der Liebe zu ihrem Kind voll in Anspruch genommen. Sie fühlt sich allein gelassen, ist verunsichert und ängstlich und überwältigt von der unendlichen Aufgabe, vor der sie steht. Sie kämpft mit sich, wie sie ihren Mann um Hilfe bitten soll. Und daraus entwickelt sich eine ganz heikle Frage. Eine Frage, die eine neue, unbehagliche Abhängigkeit und Spannung schafft. Und so sehr sie ihren Mann braucht, so sehr will sie jedoch nicht von ihm berührt werden. Sie wird bereits ständig von ihrem Baby berührt und braucht deshalb körperlichen Abstand und Freiheit. Sie versteht sich oft selbst nicht mehr bei diesem verrückten Auf und Ab ihrer Hormone. Versucht sie, ihre Gefühle zum Ausdruck zu bringen, kommt sie unweigerlich ins Schleudern.

Im Laufe der Monate und Jahre stellt sie sich auf die Verantwortung für das Kind ein. Aber sie hat das Gefühl, dass sie die meiste Zeit von dem Kind mit Beschlag belegt wird und später von den folgenden Kindern, wenn sie und ihr Mann weitere Kinder bekommen. Wie sehr sie auch ihren eigenen Tagesablauf ordnen will,es bleibt doch immer die Verantwortung für die Kinder bestehen. Vielleicht hat sie vorher von morgens bis abends in einem Erfolg versprechenden Beruf gearbeitet und nun hat sie diesen Beruf aufgegeben und ist nur noch mit ihrem Kind zu Hause. Sie kämpft mit der Einsamkeit und den manchmal wenig reizvollen Aufgaben wie Kochen und der alltäglichen Hausarbeit. Oder aber sie ist auch weiterhin noch ehrenamtlich oder gegen Entgelt aktiv. Dann aber hechelt sie unweigerlich zeitlich und kräftemäßig der tagtäglichen Grundversorgung hinterher. Kein Wunder, dass sie gelegentlich vorwurfsvoll auf die Freiheiten ihres Mannes schaut, der kommen und gehen kann, wie es ihm gefällt.

Nicht nur für Frauen, auch für Männer verändert sich die Ehe nach der Geburt von Kindern sehr. Sobald ein Kind da ist, ist die

Ich bin zu 99 Prozent Mutter und zu einem Prozent ich selbst.

Frau, die er liebt, mit einem anderen menschlichen Wesen so intim und auf wundersame Weise verbunden, dass der Mann sich manchmal überflüssig fühlt. Er schaut zu, wie seine Frau sich mit einer Hingabe, die einmal ihm allein gegolten hat, einem anderen Menschen zuwendet und ihn nährt und stillt. Warum ist er eifersüchtig?

Außerdem ist er von ihren Gefühlsregungen irritiert. Sobald sie eines ihrer Bedürfnisse zum Ausdruck bringt, will er der Sache sofort nachgehen und das Problem auf der Stelle lösen. Also gibt er einen Rat und muss dann feststellen, dass sie eigentlich gar keine Lösung von ihm will. Sie will nur sein Verständnis. Er versucht sich zu erinnern, wie sein Vater in solchen Augenblicken mit seiner Mutter umgegangen ist. Doch sobald er vergleichbare Taktiken anwendet, geht sie gewöhnlich in die Luft. Er vermisst die Intimität mit seiner Frau, ihre Kameradschaft und die Spontaneität, sich wie einst miteinander zu vereinen, wann und wo immer sie Lust dazu hatten.

Mein Mann kennt mich gut, aber ich glaube nicht, dass er mich versteht.

***

Meine Frau vernachlässigt die Leidenschaftlichkeit unserer Partnerschaft.

Allmählich wachsen Mann und Frau fast unmerklich in ihre neue Verantwortung als Eltern hinein. Man denkt völlig anders über Prioritäten nach und man hat womöglich auch wieder das Bedürfnis, zur Kirche zu gehen. Man ändert seine Ansicht über Politik und den Wert von Privatschulen; man ist damit beschäftigt, ausreichend Geld zu verdienen und sparsam zu haushalten.

Diese Beschreibungen treffen nicht auf jeden zu. Doch in jedem Fall verändert ein Baby die Ehe seiner Eltern. Es verändert Vater und Mutter individuell und als Paar. Und diese Veränderung geschieht radikal und dauerhaft, weil das Ehe-Mobile ab sofort auf eine ganz neue Weise zusammenhängt.

Kinder bringen ans Licht, was aus uns geworden ist

Wie bereits gesagt, bereichern Kinder eine Ehe in vielerlei Hinsicht. Sie geben uns die Möglichkeit, eine neue reiche Liebe zu erfahren und zum Ausdruck zu bringen. Und sie können für uns ein Spiegel sein, der einiges über uns und unseren Partner wiedergibt und ans Tageslicht bringt. Plötzlich entdecken wir eine Zärtlichkeit bei unserem Ehepartner, die wir nicht für möglich gehalten haben. Doch wir werden auch mit egozentrischen Ausdrucksmöglichkeiten und irritierenden Verhaltensweisen des männlichen und weiblichen Rollenverhaltens konfrontiert. Durch Kinder erkennen wir uns selbst. Sie zeigen uns, wer wir im Grunde jetzt, wo es nicht mehr nur um uns beide geht, sind.

Kinder bringen unsere ursprüngliche Einstellung zum Thema Familie ans Licht

Selbst in Ehen ohne Kinder werden Einstellungen unserer Eltern und unserer Ursprungsfamilien sichtbar. Das ist es, was der Psychologe Joyce Brothers meint, wenn er sagt: „Wenn wir jemanden heiraten, heiraten wir alles mit, was dieser Mensch aus seiner Wiege mitbringt.“[4] Sobald wir Eltern werden, betrachten wir die Art, wie wir erzogen worden sind, sehr viel genauer. Fakt ist, unsere eigene Erziehung hat sich auf unsere Persönlichkeit ausgewirkt und wird sich damit auch auf die Art, wie wir unsere Kinder erziehen, auswirken. Die Familie, in der wir aufgewachsen sind, wird die Familie beeinflussen, die wir selbst gründen. Diese Tatsache wird dann besonders deutlich, wenn sich ein Kind anmeldet und Sie und Ihr Partner entscheiden müssen, wie Sie sparsamer wirtschaften können, wie Sie Geld zurücklegen und sich die täglichen Aufgaben teilen wollen.

Wir können uns gar nicht vorstellen, wie viele Erinnerungen wir aus unserer Kindheit in unseren Köpfen gespeichert haben – bis wir Eltern werden. Dann blitzen Sie durch unser Gedächtnis. Zum Beispiel bemerkt der frisch gebackene Vater beim Windelwechsel des Babys eines Tages, dass er seinen Vater nie bei einer solchen Tätigkeit gesehen hat. Oder die Frau sieht ihr eigenes Kind um das Haus herumhüpfen und erinnert sich, wie herrlich ihre Kindheit als Einzelkind gewesen ist. Doch ihr Mann empfindet ein „Einzelkinddasein" als traurig und unvollständig, weil er gerade an seine fünf Geschwister denken muss. Oder, falls Sie mit einer allein erziehenden Mutter aufgewachsen sind, haben Sie Ihre Eltern nie als Ehepaar zusammen erlebt. Von daher sträuben Sie sich gegen eine Lastenverteilung. Sie sind es eben gewöhnt, dass eine Mutter alles allein erledigt.

Die Bibel sagt uns, dass wir Vater und Mutter verlassen sollen und zu unserem Ehepartner gehören. Einige sind sehr von ihren Eltern abhängig und emotional an ihre Familie gebunden. Das macht es ihnen schwer, sie zu verlassen und ganz dem Partner zu gehören. Der Autor Kenneth Chafin schreibt über diese Schwierigkeit:

> *Die Entscheidung zur Ehe bringt Sie in eine neue Beziehung, eine Beziehung, bei der die Verantwortung für die neue Familie, die durch die Heirat entstanden ist, Vorrang vor der Beziehung zu den Eltern hat. Das kann für Eltern sehr schmerzhaft sein, die nicht wissen, wie sie sich von ihren Kindern lösen sollen. Doch wenn die Trennung erst einmal vollzogen ist und die Beziehung zu den Eltern auf einer reiferen Basis neu entsteht, bringt sie für alle Betroffenen reichen Lohn.*[5]

Die Brücke zwischen den Ursprungsfamilien und der neuen Familie muss mit Vorsicht und wohl überlegt beschritten werden. Wir müssen klären, was sich lohnt, aus der Vergangenheit in die Gegenwart hinüberzuretten. Welche Werte sind erhaltenswert? Wie können unterschiedliche Taditionen in die neue Familie integriert werden? Welche Wunden bleiben durch unsere unvollkommene Erziehung bestehen? Und wie können sie geheilt werden, damit sie nicht auch noch die Erziehung unserer Kinder infizieren?

Die Werte unserer Ursprungsfamilien werden uns, während wir unsere Kinder großziehen, ein Leben lang begleiten. Dabei werden die verschiedenen Altersphasen und Entwicklungen, durch die sie gehen, ungelöste Fragen aus unserer eigenen Erziehung aufdecken. Auf diese Weise verschaffen uns unsere Kinder immer tiefere Einsichten in unsere eigene Persönlichkeit.

Ich kann nicht von meinem Mann erwarten, dass er all meine Bedürfnisse stillt.

Kinder fordern uns im Hinblick auf das Rollenverständnis der Geschlechter heraus

„Meine Mutter hat sonntags immer ein richtig gutes Essen gekocht mit Braten und selbst gemachten Nudeln. Außerdem war stets mittags die ganze Familie um den Tisch versammelt und jeder ließ es sich schmecken."

„Meine Mutter hat sich sonntags von ihren Hausfrauenpflichten freigenommen und wir haben uns jeder selbst versorgt. An allen übrigen Tagen hat mein Vater allerdings nach dem Essen *immer* den Abwasch übernommen."

„Mein Vater hat nie in der Küche geholfen. Er saß auf dem Sofa und sah fern und wir Kinder durften ihn nicht stören."

Klingt Ihnen das vertraut? Die meisten von uns werden die Auswirkungen dieser belanglos hingeworfenen Sätze im Alltagsgeschehen kaum wahrnehmen. Sobald allerdings Kinder mit ins Familien-Mobile eingefügt werden, sind Mann und Frau gezwungen, auf die Unterschiede in der Rollenverteilung der Geschlechter zu achten, auf die Voraussetzungen, von denen man ausgegangen ist, und auf die Rollen, die man für selbstverständlich hielt. Ob es sich nun um das Essenkochen handelt oder wer für Disziplin sorgt, mit den Kindern zum Arzt fährt und wer den Rasen mäht; Kinder zwingen Ehepaare zu bedenken, wer was in einer Ehe tut und warum.

Die Unterschiede der Geschlechter, seien sie körperlich, emotional oder anderweitig begründet, spiegeln sich in dem wider, wie wir uns zueinander und der Welt gegenüber verhalten. Hinzu kommen die traditionellen und biblischen Interpretationen, wie sich die

Meine Frau stellt Erwartungen an mich, die einfach unrealistisch sind. Einige ihrer Bedürfnisse kann nur Gott befriedigen oder andere Frauen.

Geschlechter zueinander verhalten und im Leben miteinander umgehen sollten. Die Erinnerungen an unsere Kinder- und Jugendzeit, „wie es damals war", machen die Sache noch komplizierter. Doch ehe wir die Unterschiede vereinheitlichen oder gar einseitig verteidigen wollen, tun wir gut daran, sie in unserer Ehe zu erkennen und zu respektieren.

Mein Mann versteht zwar, dass ich anders bin als er, aber er versteht nicht unsere Differenzen.

Wir wollen einmal gemeinsam ein typisches Beispiel betrachten. Nehmen wir die Frage: „Wer steht nachts auf und hilft dem weinenden Kind?" Vielleicht sagen Sie: „Natürlich die Mutter." Na, schön. Nun beantworten Sie aber bitte die Frage: „Warum die Mutter?" Vielleicht weil es sich um einen Säugling handelt und nur sie ihn stillen kann. Vielleicht weil sie die Verantwortung im Haus übernommen hat und morgens später aufstehen kann, während ihr Mann früh zur Arbeit muss. Dann ist diese Antwort sinnvoll.

Aber wie ist das mit einem fünfjährigen Kind, das schlecht geträumt hat. Seine Mutter arbeitet von zu Hause aus und hat am nächsten Morgen um 7:30 Uhr eine Konferenzschaltung. Was nun?

Es gibt also keine magischen Antworten oder Formeln, die sich auf geschlechtsspezifische Rollenverteilungen oder gar biblische Interpretationen gründen. Die meisten Eheberater beurteilen Rollenkämpfe zwischen den Geschlechtern als Machtstreit. Und Harmonie entsteht erst, wenn Entscheidungen getroffen werden, die die Bedürfnisse von Eltern und Kindern gleichermaßen befriedigen, ohne dass über Rechte und Gleichheit diskutiert werden muss, sondern wo stattdessen tagein tagaus einer dem anderen dient.

Die Autorin, Ehefrau und Mutter Ruth Senter begegnet dem ernsten Konflikt bezüglich Rollenverteilungen mit der folgenden Frage: „Was ist aus der Vorstellung geworden, dass die Ehe eine Union der Kräfte ist und dass die Aufgabenteilung stets zum Wohle des anderen vorgenommen wird? Ehe bedeutet: Zwei Menschen tun sich zu einer fröhlichen Lebensgemeinschaft zusammen und bewältigen ihre Aufgaben gemeinsam."[6] Die Schriftstellerin Danielle Crittenden hingegen beobachtet leider in vielen modernen Ehen, dass die Paare bereits so sehr mit ihrem Machtausgleich beschäftigt sind, dass sie gar nicht mehr in der Lage oder willens sind, in einer gemeinsamen Wohnung zu leben.

Es könnte sein, dass moderne Frauen aufhören müssen, sich mit ihrer Identität zu beschäftigen, damit sie die Ehe führen können, die sie sich wünschen. Dazu müssten sie neu lernen, wie wertvoll gemeinsame, wenn auch unterschiedliche Beiträge von Mann und Frau zu einer Ehe sind. Es mag sein, dass das, was wir von unseren Ehen erwarten sollten, nicht so sehr eine Gleichheit in der Art, sondern eine Gleichheit des Geistes ist. Wir möchten, dass uns unsere Ehemänner lieben und achten, dass sie uns in jeder Hinsicht als gleichwertig nach Seele und Geist anerkennen. Das heißt aber nicht, dass wir in unserem Alltag genau die gleichen Dinge tun müssten oder identische Rollen übernehmen sollten. Wir müssen auch verstehen lernen, dass es in der Familie nie um die unterschiedliche Verteilung von Rechten geht, sondern vielmehr um die Wahrnehmung von Rechten, und zwar von Mann und Frau. In der Ehe geben Mann und Frau ihre sexuelle Freiheit, ihre finanzielle Freiheit und das Recht auf ihr eigenes, alleiniges Glück in dem Moment auf, in dem sie den Altar verlassen. Was auch in ihrer Ehe geschehen mag, sie haben ihre Identität – und ihr Schicksal – miteinander verknüpft. Und durch gemeinsame Kinder wird diese Tatsache besiegelt.[7]

Kinder erweitern unsere Persönlichkeit

Eine Frau, die sich gern an Zeitplänen orientiert und ihre Ordnung und Vorausplanung liebt und gern alles unter Kontrolle hat, entdeckt normalerweise, sobald sie ein Kind hat, dass sie flexibler werden muss. Und ein strenger, fordernder Mann wird möglicherweise durch die Geburt eines hilflosen Kindes weicher. Kinder erweitern unsere engstirnigen Ansichten, lehren uns, was Opferbereitschaft bedeutet, und bringen uns dazu, dass wir neue Aspekte unserer Persönlichkeit entwickeln.

Wer Kinder großzieht erkennt neue Seiten an seinem Ehepartner und auch an sich. Vielleicht bewundern Sie ganz neu die Umsicht Ihres Mannes, während er sorgfältig den Schnuller sterilisiert, aber bis dato seine schmutzige Unterwäsche in der Schlafzimmerecke nie beachtet hat. Und womöglich lesen Sie nun auf einmal gerne mit dramatischer Betonung Gute-Nacht-Geschichten vor, obwohl Sie sonst eher zu den Schüchternen im Land gehören. Woraufhin Ihr Mann plötzlich erkennt, wen er da eigentlich geheiratet hat.

Entdecken Sie Ihre Beziehung neu

Schön und gut, Sie sind also anders geworden als Sie früher waren und Ihr Partner ebenfalls. Und dadurch haben Sie sich auch als Paar verändert, was wiederum eine neue Unausgewogenheit in Ihrem Ehe-Mobile verursacht. Was tun? Wie wollen Sie einen Ausgleich schaffen und das Gleichgewicht wiederherstellen? Wenn Sie die folgenden vier Prinzipien für Ihre neue Identität befolgen, werden Sie jedoch eine neue Tiefe und Balance in Ihrer Beziehung finden.

> Wenn ich versuche, wie meine Frau zu denken und das Leben aus ihrer Perspektive zu betrachten, hilft mir das, den Anforderungen unserer Ehe zu begegnen.

Getrennt und doch gemeinsam schafft wechselseitige Abhängigkeit

Es gibt zwei Komponenten, die zusammengenommen die wechselseitige Abhängigkeit einer Ehe ausmachen. Sie heißen: *voneinander getrennt* und *gemeinsam*. Merkwürdigerweise sind beide Komponenten in dem Englischen Wortes „*cleave*" enthalten. Es bedeutet zum einen „*voneinander trennen*" wie ein Hackebeil (Engl. a cleaver) ein Stück Fleisch trennt. Doch es gibt eine zweite Bedeutung und die lautet „*beharren*" oder „*festhalten*", wie es Gott von Paaren verlangt, die geheiratet haben. Der Autor Ed Wheat beschreibt das Wort „*cleaving*" folgendermaßen:

> *Dieses Wort bedeutet: Aneinander kleben oder sich klammern an, bleiben bei, fest zusammenhalten, eng beieinander bleiben, miteinander verbunden sein, festhalten, zementiert sein, wie Pech und Schwefel zusammenhalten oder miteinander fest verschweißt sein, sodass beide nicht getrennt werden können, ohne dass sie dabei Schaden nehmen.*[8]

Zunächst wollen wir auf die „Gemeinsamkeit" eingehen, die in diesem Wort steckt. Immerhin ist es das, was eine Ehe vom Single-Dasein unterscheidet, oder etwa nicht? Gemeinsame Interessen teilen, aneinander hängen, eine Wohnung mieten oder ein Haus kaufen und es einrichten, Romantik, Kameradschaft, eine Partnerschaft fürs Leben – diese Elemente machen die Gemeinsamkeit einer Ehe aus. Vor der Hochzeit hatte jeder seinen eigenen Tagesablauf und brauchte niemanden über das, was er tat, zu informieren. Nach der Hochzeit wird jedoch Ihr Tagesplan, ganz besonders sobald Kinder da sind, auch der Tagesplan Ihrer Frau, und Sie teilen notwendigerweise jede Einzelheit miteinander, damit das Leben innerhalb Ihrer Familie geregelt ablaufen kann. Gemeinsamkeit ist das Siegel Ihrer Ehegemeinschaft, was immer Sie tun und denken. Und für ein Ehepaar mit Kindern ist Gemeinsamkeit sogar lebensnotwendig.

„Abstand", die zweite Komponente der Unabhängigkeit, kommt etwas überraschender ins Spiel, weil man sie so leicht vergisst, besonders sobald Kinder da sind! Abstand ist die Wahrnehmung und Erkenntnis der Tatsache, dass Mann und Frau kein verlängertes Ich des Partners sind. Auch Kinder sind nicht der verlängerte Arm ihrer Eltern und im Gegenzug sind auch Sie nicht der verlängerte Arm Ihrer Kinder. Jeder Ehepartner ist ein eigenständiges Individu-

Ich brauche kurze Pausen, damit ich ich selbst bleibe,
damit ich ein Individuum bleibe und herausfinde,
wer ich bin und wer ich werden möchte.

***

Ich will meinem Mann nicht die Zeit mit seinen Golffreunden begrenzen,
solange wir uns noch gelegentlich sehen.

***

Die Fürsorge für aufmerksamkeitsbedürftige Nachkommen
schafft eine zunehmende Abhängigkeit voneinander.

um mit eigenen Gedanken, Bedürfnissen und mit einer eigenen Persönlichkeit. In mancher Hinsicht sind Mann und Frau sich zwar ähnlich, in anderer jedoch recht unterschiedlich. Diese Trennung wird emotional und körperlich ausgelebt. Kein Paar sollte jeden Tag 24 Stunden lang beisammen sein, denn körperlicher und emotionaler Abstand belebt eine Ehe.

Nähe und Distanz im richtigen Verhältnis zueinander schaffen eine wechselseitige Abhängigkeit, die so genannte Interdependenz. Diese zeigt sich in dem Verständnis für die Einmaligkeit und Individualität seines Partners, wobei gleichzeitig der Wunsch besteht, die zwei separaten Leben miteinander zu verknüpfen und zu vereinen. Ein bekannter Ehetherapeut weist auf diesen Aspekt der *Autonomie* innerhalb einer Ehe hin und definiert ihn als „Distanz in einem gesunden Maß der Unabhängigkeit". Es ist die Fähigkeit, auf eigenen Füßen zu stehen und allein gut zurechtzukommen. In guten Ehen hat jeder Partner ein klares und bestimmtes Empfinden seiner selbst, wodurch unvermeidbare Konflikte wirksam ausgetragen und beseitigt werden können."[9]

Das Symbol für diese Einheit von „Abstand und Gemeinsamkeit" wird in Amerika durch das Anzünden einer gemeinsamen Kerze bei der Trauung symbolisiert. Normalerweise gibt es drei Kerzen. Zunächst werden die beiden äußeren Kerzen angezündet, die Braut und Bräutigam darstellen. Manchmal zünden die Eltern des Brautpaars diese Kerzen an. Die mittlere Kerze brennt jedoch zunächst einmal nicht. Erst wenn Braut und Bräutigam zu Mann und Frau ernannt worden sind, nimmt sich das Paar je eine der äußeren Kerzen und zündet mit ihnen gemeinsam die mittlere Kerze an. Anschließend löschen sie die äußeren Kerzen aus, bevor sie wieder in ihren Kerzenhalter zurückgestellt werden. Pfarrer und Schriftsteller Kenneth Chafin beschreibt seine Empfindungen, als er diesem Teil der Trauzeremonie das erste Mal bewusst beiwohnte, wie folgt:

> *Dann passierte etwas, auf das ich eigentlich nicht vorbereitet war. Jeder nahm seine brennende Kerze und blies sie aus. Ich hätte am liebsten „Nein!" gerufen. Denn für mich sah es so aus, als brächte jeder auf seine Weise damit zum Ausdruck, dass er nun, da diese neue Beziehung gebildet war, nicht mehr als Individuum existiere. Aber so ist das nicht. Alle drei existieren weiter: Die Braut, der Bräutigam und die Ehe.*
> *Wenn mich heute ein Paar bittet, es zu trauen und die gemeinsame Kerze anzünden möchte, bin ich damit nur unter einer Bedingung einverstanden: Ich bitte Braut und Bräutigam, ihre Kerze nicht auszulöschen und sich als Individuum weiterzuentwickeln und zu wachsen. Denn die mittlere Kerze, die Ehe, ist nun einmal davon abhängig.*[10]

Gegenseitige Achtung

Bei der Neuentdeckung Ihrer Beziehung spielt die gegenseitige Achtung eine große Rolle. Vielleicht stellt sich eine Mutter, die zu Hause bleibt, die Frage: „Wie kann ich meinem Mann deutlich machen, dass ich zu Hause nicht nur Däumchen drehe?" Und vielleicht beklagt sich der Mann: „Sie tut so, als bedeuteten meine Bemühun-

> Die zusätzlichen Anforderungen durch unsere Kinder haben uns ein konkreteres Verständnis dafür gegeben, wie wir füreinander ein Segen werden, indem wir uns für die Erziehung unserer Kinder „ergänzen" (ein Ganzes werden).

gen um das Baby gar nichts gegenüber ihren. Hängt das vielleicht damit zusammen, weil ich keine ‚Anstrengung' erbracht habe, das Kind in die Welt zu setzen?" Beide bringen mit diesen Fragen zum Ausdruck: „Wie können wir mehr Gemeinsamkeit schaffen? Wir erkennen offensichtlich die Bemühungen des anderen nicht an." Oder: „Wie können wir die individuellen Bedürfnisse des anderen außerhalb seiner Rolle als Ehepartner und Vater bzw. Mutter besser respektieren?"

Vor Jahren sagte es einmal der Dichter W. B. Yeats so: „Ich habe meine Träume vor deinen Füßen ausgebreitet. Tritt vorsichtig auf, weil du auf meine Träume trittst." Seine Worte beschreiben die Herausforderung, vor der wir als Mann und Frau stehen. In dem behutsamen Prozess, in dem wir uns durch die Geburt eines Kindes noch einmal selbst neu definieren, müssen wir unvermeidliche Differenzen respektieren lernen. Differenzen, die von uns selbst ausgehen. Differenzen, die von unseren Erwartungen ausgehen. Und Differenzen, die sogar aus unseren Träumen entstehen.

Es gibt Pfarrer, die sich bereits bei der Trauung direkt mit einer Frage im Blick auf die gegenseitige Achtung an Braut und Bräutigam wenden. „Linda", fragt dann der Pfarrer die Braut, „stellen Sie sich vor, Sie kommen am Ende Ihres Lebens in den Himmel. Dann könnte Jesus Sie fragen: ‚Ist dein Ehemann durch das gemeinsame Leben mit dir zu der Persönlichkeit geworden, die ich erschaffen habe?' Ich hoffe, Sie werden dann mit Ja antworten können." Anschließend stellt der Pfarrer dem Bräutigam dieselbe Frage.

Falls Sie Ihre Bemühungen hier auf Erden in dieser Hinsicht überprüfen wollen, fragen Sie sich selbst: „Bin ich meinem Partner behilflich, sein von Gott gegebenes Potenzial auszuschöpfen? Ist mein Ehepartner durch das Zusammenleben mit mir besser dran? Wie unterstütze ich die Einmaligkeit meiner Frau/meines Mannes durch unsere Ehe?"

Ich setze die Bedürfnisse meiner Kinder an die erste Stelle.
Sie sind von mir abhängig. Mein Mann nicht.

Akzeptanz

Achtung und Akzeptanz liegen dicht beieinander. Es genügt nicht, dass wir unsere Ehepartner achten und ehren für das, was sie im Gegensatz zu uns sind. Wir müssen ihr Anderssein auch akzeptieren lernen. Diese Akzeptanz ist in einer Familie mit Kindern ein lebenslanger Kampf. Drei Aspekte gehören zu der schwierigen Aufgabe, die Andersartigkeit seines Ehepartners zu akzeptieren:

1. Seine Art contra meine Art. Anders sein heißt nicht, besser oder schlechter sein. Eine Frau schildert, wie ihr Mann ihre neun Monate alte Tochter angezogen hat und dabei das Jäckchen auf dem Rücken zuknöpfte. Als er anschließend seiner Frau das Baby zum Guten-Morgen-Kuss reichte, sagte sie lachend: „Du hast sie falsch angezogen. Du hast das Jäckchen hinten zugeknöpft. Ich knöpfe es immer vorn zu."

Verwirrt prüfte der junge Vater das Nackenschildchen und fand es doch tatsächlich neben den Knöpfen, also im Rücken. Bekümmert stellte die Frau fest, dass *sie* die Jacke ihres Töchterchens stets verkehrt zugeknöpft hatte. Aber war das eigentlich schlimm? Das Kind sah in beiden Varianten niedlich aus. *Anders* heißt nicht *falsch*.

Die Sängerin Annie Chapman erzählt, wie sie einmal ihren zwei Wochen alten Sohn mit ihrem Mann allein gelassen hat – natürlich mit genauesten Anweisungen, wie er ihn zu füttern und ihm die Windeln zu wechseln habe. Als sie dann nach drei Stunden wieder heimkam, fand sie das Baby nass und stinkend vor. „Steve ist ein herrlicher Vater, aber eine schreckliche Mutter!", schloss sie ihren Bericht. „Dinge, die ich für wichtig halte, übersieht er, zum Beispiel Zähneputzen und Wäsche wechseln. Aber wenn es darum geht, mit den Kindern so richtig Spaß zu machen, ist Steve unschlagbar."[11]

Manchmal ist es notwendig, dass wir unseren eigenen straffen Tagesablauf oder unser Verhalten ändern, damit wir die Art unseres Ehepartners akzeptieren, wie er eine bestimmte Sache sieht und angeht. Wer darauf besteht, dass eine Art richtig und die andere falsch ist, richtet *seine* Art gegen die Art des anderen und das schafft Unzufriedenheit, besonders wenn es sich dabei um die Kinder dreht. Genauso wie ein Paar in den ersten Ehejahren lernt, dass es verschiedene Methoden gibt, wie man die Zahnpastatube ausdrückt und Toilettenrollen aufhängt, so lernt es als Elternpaar, dass *anders* nicht zwangsläufig besser – oder schlechter! – bedeutet.

2. *Freund contra Feind.* In der Ehe möchte man oft gern seinen Partner verändern. Aber sollten Sie Ihren Ehepartner nicht wenigstens wie einen guten Freund behandeln? Freunde freuen sich, wenn sie sich sehen und haben meist nicht die Absicht, einander zu ändern. Ein guter Freund akzeptiert mich, wie ich bin und steht mir bei. Sollte ein Ehepartner nicht wenigstens wie ein guter Freund sein? Nehmen Sie sich ganz fest vor, Ihren Ehepartner zu akzeptieren und zu lieben und hören Sie auf, ihn mit anderen zu vergleichen und gedanklich auszutauschen.

3. *Mit Haut und Haaren.* Es wird etwas leichter, den Ehepartner zu akzeptieren wie er ist, wenn wir seiner und unserer eigenen Unvollkommenheit ins Auge sehen und beschließen, ihn mit Haut und Haaren, einschließlich aller Unvollkommenheiten und Irritationen zu lieben. Die Schriftsteller Jim und Jeri White erklären: „Die Akzeptanz beginnt mit dem Glauben, dass Gott uns einen wertvollen Menschen als Ehepartner zur Seite gestellt hat und dass er uns mit unserem Mann/unserer Frau erfreuen will, obwohl keiner vollkommen ist.“[12]

Obwohl Akzeptanz bedeutet, dass wir unseren Partner nehmen wie er ist, bedeutet sie nicht, dass wir uns ständig dem unterordnen, was unserer Beziehung schadet. Wenn wir bei unserem Partner Egoismus erkennen, können wir ihn zwar akzeptieren, aber wir dürfen ihm nicht nachgeben. Wenn wir beobachten, wie das Herz unseres Partners eine andere Richtung einschlägt als unser Herz, können wir das verstehen, ohne unser Herz ebenfalls umzukrempeln.

Die Unvollkommenheit eines Ehepartners zu akzeptieren bedeutet, dass wir uns möglicherweise damit abfinden müssen, während wir gleichzeitig um eine Veränderung beten. Eine Mutter, die sehr enttäuscht war, weil ihr Mann nicht die geistliche Führung innerhalb der Familie übernehmen wollte, kritisierte und ermahnte ihn ständig, mit ihr und den Kindern wenigstens den Gottesdienst zu besuchen. Sie stieß jedoch nur auf Widerstand und wechselte schließlich auf Anraten ihrer Freundin ihre Taktik: „Sprich nicht mit deinem Mann über Gott", riet die Freundin ihr, „sondern sprich mit Gott über deinen Mann."

Eine andere Frau, die ebenfalls versucht hatte, das Verhalten ihres Mannes zu ändern, beschloss, keine Veränderung ihres Mannes mehr zu erwarten und begann Gott zu bitten, sie selbst zu verändern. Wer lernt, seinen Ehepartner trotz aller Unterschiedlichkeit und trotz aller Unvollkommenheiten zu akzeptieren, baut an einer starken Ehe, die besonders in Krisenzeiten Bestand hat.

Freiheit

Es gibt noch ein Geschenk, das wir unserem Ehepartner machen können und das zur wechselseitigen Abhängigkeit, zur Interdependenz, führt. Dieses Geschenk unterstreicht, dass wir möchten, dass unser Partner seine Identität entfalten kann – es heißt Freiheit. Es verlangt, dass wir unserem Ehepartner zugestehen, dass er in jeder Form und auf seine Weise sein Bestes gibt.

Meine Frau schenkt mir das Vertrauen, dass ich der Mensch sein darf, der ich bin.

***

Ich möchte, dass sich meine Frau auch außerhalb ihrer Mutterrolle wichtig und wertvoll fühlt.

Eine Frau gewährte ihrem Mann ein Stück Freiheit, indem sie ihr Zuhause als „meckerfreie Zone" erklärte. Mit Vertrauen, Akzeptanz, Ermutigung und Einfühlungsvermögen tut sie alles, um ihr Heim zu einem Hafen der Freiheit von Kritik und Veränderungsdruck zu machen.

Eine andere Frau spricht von dem Geschenk der bedingungslosen

Freiheit, das ihr Mann ihr macht. Sie schreibt: „Mein Mann versteht mich. Er akzeptiert, dass sich einige Dinge, die ihm an mir nicht gefallen, bei aller Liebe nicht verändern lassen. Mein Zuhause ist für mich da, wo ich so sein darf, wie ich bin."[13]

Das Gedicht *Wachsende Liebe* von Ulrich Schaffer beschreibt die Freiheit, die die wechselseitige Abhängigkeit (Interdependenz) eines Paares zum Ausdruck bringt:

Deine freiheit
ist immer an mich gebunden
ich kann dich nicht völlig frei geben
wenn du mich frei lässt
meine freiheit befreit mich
was mich befreit
was dich befreit
etc.
etc.
etc.
Es kann eine aufwärts-
oder abwärtsspirale sein
Ich kann wählen
Du kannst wählen
Wir können wählen.[14]

Unsere Kinder sind in allem von uns abhängig. Darum ist es wichtig, dass wir lernen, voneinander abhängig zu sein.

Freiheit ermutigt zu wachsen und zu reifen. Das hält eine Ehe im Laufe der Jahre lebendig.

Zusammenfassung

Kinder verändern die Identität von Mann und Frau und auch die als Ehepaar. Sobald aus Mann und Frau Vater und Mutter werden, übernehmen sie neue Rollen, neue Verantwortung und neue Emotionen, die sie für immer verändern werden. Manchmal verändert sich einer mehr als der andere und gibt dem anderen Anstoß zur Veränderung. Man sagt, dass jede Veränderung schwierig ist und dass „der Mensch sich erst ändert, wenn der Schmerz, zu bleiben wie er ist, größer wird, als der Schmerz sich zu ändern."[15]

Ein Paar, das sich einzeln und gemeinsam der notwendigen Veränderung stellt, lernt diese Veränderungen einzuordnen und zu akzeptieren. In ihren neuen Rollen als Vater und Mutter werden sie ihre Beziehung neu entdecken. Sie suchen eine gesunde wechselseitige Abhängigkeit, während sie weiterhin ihr Leben miteinander verknüpfen und das Band, das sie verbindet, stärken.

Mobilmacher Nr. 1: Zum Schmunzeln

Spielregeln

1. Die *Frau* stellt immer die Regeln auf.
2. Regeln hängen jederzeit ohne Vorwarnung von einer Veränderung ab.
3. Ein *Mann* kann unmöglich alle Regeln kennen.
4. Falls die *Frau* erwartet, dass der *Mann* die Regeln kennt, muss sie sofort eine oder alle Regeln ändern.
5. Eine *Frau* hat immer Recht.
6. Sollte eine *Frau* sich doch einmal irren, liegt es an einem Missverständnis, das sich aus dem, was der *Mann* tat oder sagte, ergeben hat.
7. Falls Regel 6 zutrifft, muss sich der *Mann* sofort entschuldigen, weil er das Missverständnis herbeigeführt hat.
8. Die *Frau* kann ihre Meinung jederzeit ändern.

9. Der *Mann* darf seine Meinung niemals ohne ausdrückliches Einverständnis seiner *Frau* ändern.
10. Die *Frau* darf jederzeit ärgerlich und aufgebracht sein.
11. Der *Mann* muss allzeit ruhig bleiben, es sei denn, dass die *Frau* will, dass er ärgerlich und aufgebracht ist.
12. Falls die *Frau* ihre Regel hat, sind alle Regeln null und nichtig.[16]

Regeln, die Mädchen nach der Auffassung von Jungen kennen sollten

1. Falls du glaubst, du bist dick, dann bist du es wahrscheinlich auch. Bitte frag uns nicht.
2. Lerne die Toilettenbrille zu betätigen. Falls sie oben ist, klappe sie runter.
3. Einkaufen ist kein Sport.
4. Alles was du trägst, ist schön. Ehrlich.
5. Sag was du willst. Subtile Hintergedanken funktionieren nicht.
6. Kopfschmerzen, die länger als 17 Tage anhalten, sind gravierend. Such einen Arzt auf!
7. Alles was wir vor sechs oder acht Monaten gesagt haben, ist als Argument nicht mehr zulässig.
8. Du kannst uns entweder bitten, etwas zu tun oder sagen, wie du es getan haben willst – beides zusammen geht nicht.

Mobilmacher Nr. 2: Liebe verändert und lässt uns wachsen

Liebe lässt uns wachsen

Ich liebe dich,
nicht nur weil du bist, wie du bist,
sondern weil ich der bin, der ich bin,
wenn ich mit dir zusammen bin.
Ich liebe dich,
nicht nur für das,

was du aus dir gemacht hast,
sondern für das,
was du aus mir machst.
Roy Croft[17]

Mobilmacher Nr. 3: Ehe, Männlichkeit und Weiblichkeit

Ehe, Männlichkeit und Weiblichkeit beschrieben aus der Sicht einer Frau: „In meinem ersten Ehejahr lebte ich leider mit der falschen Einstellung, dass mein Mann für mich die einzige legitime Quelle aller Lebensfreude sei. Ich erwartete von ihm, dass er all meine Bedürfnisse nach Freundschaft, Romantik und nach Hilfe bei meinen Entscheidungen erfüllen würde. Außerdem erwartete ich natürlich auch emotionale Unterstützung von ihm, wenn ich nicht gut drauf war.

Doch damit noch nicht genug. Zu allen Lasten, die ich ihm damit aufbürdete, begann ich seine Worte, seine Reaktionen auf mich, seine Aktionen mir gegenüber als die einzige Quelle zu sehen, die mir als Frau meinen Wert gaben. Mein weibliches Selbstbewusstsein machte ich von seinen Reaktionen abhängig.

Ich kenne leider viel zu viele Frauen, die denselben Fehler machen wie ich. Irgendwie kommen wir auf die Idee, dass Männer in unserem Leben unser Ein und Alles sein sollen. Sie sind irgendwie die Quelle unseres Glücks und wir glauben, dass sie die Kraft haben, alle unsere Bedürfnisse zu befriedigen. Also liegt es an ihnen, ob wir uns hübsch, feminin, gesättigt, frisch gewickelt, erfüllt und begehrenswert fühlen.

Was denken wir uns eigentlich dabei? Dem Himmel sei Dank, dass unsere Ehemänner nicht die gleichen Ansprüche an uns stellen. Nein, Männer holen sich ihren Selbstwert und ihr männliches Selbstbewusstsein aus unterschiedlichen Quellen: aus ihrer Karriere, ihrem finanziellen Erfolg, Sport, Hobbys, Kameraden und – ja, auch von ihren Frauen. Ich bin froh, dass ich auf dieser Liste vorkomme! Stellen Sie sich den Druck vor, mit dem ich leben müsste, wenn ich wüsste, ich wäre die einzige Quelle für das männliche Selbstbewusstsein meines Mannes! Und doch ist das die Last, die wir allzu oft auf die Schultern der Männer legen, die wir lieben."[18]

Mobilmacher Nr. 4: Vater und Mutter verlassen

Es gibt drei Schritte, die jedes Paar gehen kann, wenn es darum geht, sein Elternhaus zu verlassen – ganz gleich wie lange es bereits verheiratet ist:

1. *Schaffen Sie eine gleichrangige Beziehung zu Ihren Eltern.* Das ist nicht immer leicht. Aber Erwachsenwerden heißt, sich von der kindlichen Art des Gehorchens zu lösen.
2. *Schauen Sie sich eingehend und ehrlich Ihre Vergangenheit an.* Ihre Vergangenheit beeinflusst Sie. Und Ihr Ehepartner bemerkt das am deutlichsten. Sie sollten deshalb alles daransetzen, Ihre Vergangenheit zu bewältigen (siehe auch Mobilmacher Nr. 5). Einige von Ihnen werden dazu einen erfahrenen christlichen Seelsorger brauchen.
3. *Geben Sie Acht, dass Sie Ihr Elternhaus in der Weise verlassen, dass Sie nicht einfach genau das Gegenteil von dem tun, was Ihre Eltern sagen.* Wenn Erwachsene genau das Gegenteil von dem tun, was ihre Eltern sagen, nur um ihre Unabhängigkeit zu bekräftigen, macht das keinen Sinn. In einer gesunden gleichrangigen Beziehung sollten wir den Rat unserer Eltern achten und prüfen, wie er mit der Bibel übereinstimmt. Anschließend sollten wir den Rat der Eltern ehren, wenn wir in der Lage dazu sind.[19]

Mobilmacher Nr. 5: Mit der Vergangenheit aufräumen

Sie können zum Beispiel folgendermaßen mit Ihrer Vergangenheit aufräumen: Sammeln Sie so viele Familienfotos wie möglich. Erzählen Sie anschließend an einem langen Nachmittag oder Abend, aus welchem Anlass diese Fotos gemacht worden sind. Achten Sie dabei darauf, welche Person ständig auf den Fotos zu sehen ist und wer vergessen wurde. Welche Erinnerungen, Bilder oder Emotionen steigen in Ihnen auf, wenn Sie Ihre vergangenen Jahre auf diese Weise an sich vorüberziehen lassen?

Diese Übung kann in Ihnen ein Unbehagen hervorrufen, weil dadurch Gefühle hochkommen können, die Sie jahrelang vermieden haben. Vielleicht wird Ihnen noch einmal richtig deutlich, wie bevorzugt Ihre Schwester war oder dass fast alle Fotos den Sportler der Familie zeigen. Vielleicht war Ihr Vater kaum auf den Fotos zu sehen, weil er sich selten Zeit für Sie genommen hat.

Was immer die Fotos auch offenbaren, lassen Sie sich von der Wahrheit aus Johannes 8,32 leiten: „Ihr werdet die Wahrheit erkennen, und die Wahrheit wird euch frei machen.“ Menschen, die viele Verletzungen aus der Vergangenheit mit sich herumtragen, werden nur dann von ihrem schmerzlichen Zugriff befreit, wenn sie ihrer Vergangenheit ehrlich ins Gesicht schauen.[20]

Mobilmacher Nr. 6: Wie gut kennen Sie Ihren Ehepartner?

Was wissen Sie von Ihrem Ehepartner? Nachfolgend stellen wir einige Fragen zu Ihrem Partner, die Ihre Kenntnis seiner Person auf die Probe stellen. Beantworten Sie jeder für sich die Fragen und vergleichen Sie Ihre Notizen später.

1. Wo wurde ich geboren?
2. Was war eine meiner größten Errungenschaften als Kind?
3. Was habe ich als Kind am liebsten gemacht?
4. Was hätte ich mir in einem Restaurant wahrscheinlich zum Essen bestellt?
5. Wer ist mein Lieblingsmaler?
6. Wie heißt mein Lieblingsbuch? Mein bevorzugtes TV-Programm?
7. Was regt mich am meisten an dir auf?
8. Wenn ich morgen den ganzen Tag frei hätte, was würde ich am liebsten tun?
9. Wovor habe ich am meisten Angst?
10. Was würde ich in fünf Jahren gern tun? Was in zehn Jahren?

Mobilmacher Nr. 7: Wochenbettdepressionen sind keine Einbildung

Weinen, Ängste und fehlende Motivation charakterisieren bei fast 75 Prozent aller jungen Mütter eine Wochenbettdepression in den ersten zehn Tagen nach der Geburt eines Kindes. Nur etwa zehn Prozent der Mütter leiden an ernsteren Depressionen aufgrund der Geburt. Leider weiß man sehr wenig über die Ursache dieser Depression, obwohl die dramatische Veränderung im Hormonhaushalt einer jungen Mutter als Ursache vermutet wird. Hier einige Symptome, die auf eine PPD (Postpartum Depression) schließen lassen:

- zu müde, um aufzustehen
- Überbesorgnis um das Kind, mangelndes Interesse an dem Baby oder Angst, mit dem Baby allein zu sein
- Schlaflosigkeit
- Appetitverlust oder -anstieg
- starke Stimmungsschwankungen
- unkontrolliertes Weinen (vergeht einige Wochen nach der Geburt)

Die Behandlung dieser Depression umfasst im Allgemeinen eine Ernährungsumstellung, Verabreichung zusätzlicher Vitamine und eine Gesprächstherapie.

Ein Auslöser von PPD ist vor allem die Not, dass junge Mütter meinen, für alles sorgen zu müssen, obwohl ihnen die Kräfte dazu zunächst fehlen: Da ist die Versorgung des Neugeborenen und möglicher Geschwister, der Haushalt, das Essenkochen und viel Besuch. Besorgen Sie sich Hilfe, wenn Sie das Gefühl haben, nicht alles zu schaffen.

Fragen zur gemeinsamen Diskussion

- Wie hat sich jeder von uns verändert, seitdem wir ein Kind haben?
- Wie haben wir uns als Ehepaar verändert?
- Was wollen wir von unseren Eltern für unsere Ehe und unsere Kinder übernehmen?
- Was wollen wir *nicht* von unseren Eltern für unsere Ehe und unsere Kinder übernehmen?
- Was machen wir gern gemeinsam?
- Was macht jeder von uns gern für sich allein?
- Wie können wir die Individualität des anderen respektieren?
- Wie abhängig sind wir voneinander?

Intimität
Die Intimität vertiefen

Sind wir nur noch Zimmergenossen?

Eric bezahlte das Taxi, das ihn vom Flughafen nach Hause gefahren hatte. Dann sprang er die Treppe zu seinem Haus hinauf.

„Ich bin wieder daaa-a!", rief er fröhlich und stellte seinen Koffer im Hausflur ab. Sofort machte er sich auf die Suche nach seiner Familie, vor allem nach seiner Frau.

„Kirsten?" Er schaute in alle Ecken und Räume, wo sie sich normalerweise aufhielt. Doch überall empfing ihn Leere und Stille. Er öffnete die Schiebetür zur Küche und schaute aus dem Fenster. Waren die Kinder vielleicht auf der Schaukel hinter dem Haus? Nichts.

Kirstens Auto stand in der Einfahrt, aber seine Frau war nicht da. Frust! Er hatte sie in der vergangenen Woche auf seiner Geschäftsreise sehr vermisst und die Kinder auch. Obwohl sie sein Leben in ein Chaos verwandelt hatten, liebte er seine beiden Töchter Josi (drei Jahre) und Emily (fast achtzehn Monate) über alles und war überglücklich, wenn sie abends mit weit ausgebreiteten Ärmchen zur Begrüßung auf ihn zugeschossen kamen.

In diesem Augenblick hörte Eric „seine Mädel" durch die Garagentür kommen. „Ich wollte noch sooo gern im Park bleiben, Mami", jammerte Josi.

„Emily! Nein!", schimpfte Kirsten. „Du weißt, Mama erlaubt es nicht, dass du den Sand aus deinen Schuhen auf den Fußboden schüttelst!"

„Hallo Kinder! Ich bin wieder daa-a!", rief Eric beglückt.

„Papi!", schrien die Mädchen und stürmten auf ihn los. Kirsten lächelte. „Hallo, Liebling. Du bist früh – und gerade rechtzeitig genug. Ich dreh hier bald durch mit deinen Töchtern!"

Eric schnappte sich die Mädchen, hob sie auf den Arm und beugte sich zu seiner Frau. Er gab ihr einen Kuss und biss ihr dabei leicht in die Unterlippe, sein Zeichen, dass er mehr von ihr wollte, als nur einen Kuss. Sie klopfte ihm zärtlich die Wange. Von diesem Moment an nahm der Abend seinen gewohnten Lauf. Das Abendessen verlief chaotisch, wobei ihre Unterhaltung von dem Genörgel der müden Kinder immer wieder unterbrochen wurde. Danach wurden Josi und Emily in die Wanne gesteckt. Anschließend Geschichte lesen. Endlich Zeit fürs Bett, doch beide Quälgeister wollten noch was trinken. Dann wieder ins Bett. Endlich Ruhe und damit Zeit für Eric und Kirsten.

Eric packte seinen Koffer aus. Doch als er damit fertig war, telefonierte Kirsten mit ihrer Mutter. Er seufzte. Er wollte sie wirklich ganz für sich. Immerhin waren sie seit mehr als zwei Wochen nicht mehr zusammen gewesen. Vielleicht würde sie bald folgen, wenn er schon mal ins Bett ging. Er griff sich seine Computerzeitschrift und verschwand damit unter seine Bettdecke.

Etwas später legte Kirsten den Hörer auf und sah Eric lesen. Sie seufzte. Sie wollte so gern mit ihm reden. Er war sehr lange fort gewesen und weil sie von ihren hohen Telefonkosten runter wollten, hatten sie in der vergangenen Woche nur zweimal miteinander gesprochen. Kirsten frustrierte sein mangelndes Interesse und sie begab sich ins Badezimmer, zog sich ihren ausgelutschten Schlafanzug über und krabbelte neben ihren Mann ins Bett, der inzwischen fest eingeschlafen war.

Ihre Bewegung musste ihn aufgeweckt haben, denn er blinzelte und langte nach seiner Frau. Er begann, sie zu streicheln. Doch Kirsten erwiderte sein Verlangen nicht. Sie machte sich steif und rückte von ihm ab. Sollte sie sich heute körperlich noch mehr verausgaben? Nein danke. Nach einer endlosen Woche mit den Kindern fühlte sie sich ausgepumpt und musste auftanken. Sie brauchte Zuspruch – keinen Sex.

Eric wusste nicht, wie ihm geschah. Warum hatte sie ihn abgewiesen? Er setzte sich im Bett auf und schaute sie an. „Was ist los? Ich bin die ganze Woche unterwegs gewesen. Das war verflixt lang. Hast du mich denn gar nicht vermisst?“

Was ist Intimität und was nicht?

Erinnern Sie sich noch? Diese Leidenschaft, dieses Verlangen, das zur „Tat" wurde! Sie entsprang der prickelnden Überzeugung, dass Sie Ihren Mann *lieben* und Ihr Mann Sie *liebt*! Sie brauchten einander nur in die Augen zu schauen und *wussten*, was der andere dachte. Sie konnten die Hände gar nicht voneinander lassen. Sie wollten sich *immerzu* küssen. Sie konnten *stundenlang* miteinander reden und wurden nicht müde zuzuhören! Was ist aus jenen längst vergangenen und weit entfernten Tagen geworden? Was ist aus Ihrer Intimität geworden?

Intimität ist der (heiße) Draht, der ein Paar miteinander verbindet. Allerdings ist es nicht einfach, Intimität zu schaffen und auch zu erhalten. „Es ist die größte Herausforderung der Welt, mit einem anderen Menschen intim zusammenzuleben", sagen Bill und Lynne Hybels in ihrem Buch *Ehe leben – Ehe lieben.*[1] Und die meisten werden das bejahen. Manchmal verwechseln wir Intimität und Verliebtheit. Sehen wir uns erst einmal an, was Intimität bedeutet.

Intimität bedeutet: „Schau in mich hinein"

Vielleicht verstehen wir am ehesten, was Intimität ist, wenn wir herausfinden, was Intimität nicht ist. Intimität ist nicht ständige Romantik oder Sex. Sie hat nichts mit Rosen und Pralinen und Spaziergängen im Mondenschein zu tun. Sie hat auch nichts mit Gedankenlesen und der Erfüllung von Bedürfnissen zu tun. Dieses Beiwerk hilft zwar, eine Umgebung zu schaffen, wo Intimität gedeihen kann, aber sie kann dadurch nicht garantiert werden.

Wenn wir uns emotional und intellektuell nicht nahe sind, wird es schwierig, körperliche Nähe auszuhalten.

***

Wir brauchen mehr gemeinsame Interessen oder Hobbys.

***

Wir brauchen Kurzurlaube ohne Kinder.

Man könnte sagen, Intimität heißt: „Schau in mich hinein!" Das lateinische Wort für *innerlich* oder *zuinnerst* ist *intimus*. Aus dieser Wurzel stammt unser Wort *intim*. Der Duden definiert *intim* mit „innig, vertraut, ganz persönlich, verborgen, geheim und bis ins Innerste."

Ja, Intimität heißt: „Schau in mich hinein!" Dazu gehört, dass ich mir Zeit nehme und mir Mühe gebe, damit ich die Seele und das Herz eines anderen Menschen verstehen lerne. Erst dann kann ich mein Verstehen dem anderen verständlich machen. In seinem Buch *The Secret of Lasting Marriage* (Das Geheimnis einer gesunden Ehe) beschreibt H. Norman Wright verschiedene Bereiche der Intimität. Durch die Kombination dieser unterschiedlichen Intimbereiche wächst eine intime Beziehung. Wir führen einige der Bereiche an:

- *Emotionale Intimität* ist ein Gefühl von Nähe, das entsteht, wenn alles miteinander geteilt wird, jeder Schmerz und jede Freude. Man sorgt füreinander und hilft sich gegenseitig.
- *Soziale Intimität* bedeutet, dass beide gemeinsame Freunde haben und nicht nur jeder für sich seinen eigenen Freundeskreis pflegt.
- *Intellektuelle Intimität*. Die Partner tauschen sich über ihre Ideen aus und regen den Wissensdurst und das Verständnis des anderen an.
- *Kreative Intimität* heißt, dass die Partner gleiche Interessen und Aktivitäten miteinander teilen und ihren Spaß daran haben.
- *Sexuelle Intimität* meint, dass Mann und Frau Freude an ihrem Körperkontakt haben und zufrieden sind mit dem, was geschieht.[2]

Intimität in der Ehe

Was gehört zur Intimität und was fördert sie? Wie können Ehepartner sich auf verschiedene Art und Weise und auf unterschiedlichen Ebenen verstanden fühlen?

Wir versuchen, offen und ehrlich miteinander umzugehen und teilen uns unsere positiven und negativen Gefühle als Ehefrau, Ehemann, Mutter und Vater mit.

***

Mein Mann spricht ungern über Gefühle und will möglichst schnell zu einer Lösung des Problems kommen.

Zur Intimität gehört Verwundbarkeit. Der Ehetherapeut John T. Gossett sagt, dass Intimität etwas mit Verwundbarkeit zu tun hat: „Da wo ein Ehepartner dem anderen alles offen sagen kann, egal wie dumm oder ängstlich oder unreif oder hilflos er sich dadurch gibt, und der andere ihn trotzdem achtet und das, was er sagt, nicht gegen ihn verwendet, entsteht Intimität.“[3] Wer offen ist, geht ein Risiko ein. Wenn wir uns einander gegenüber öffnen, riskieren wir, uns lächerlich zu machen und verletzt zu werden.

Intimität wächst mit der gemeinsamen Geschichte. Mit der Zeit werden wir miteinander intimer, da wir mehr und mehr Gefühle und immer mehr Lebenserfahrung teilen. James Dobson sagt: „Wenn zwei Menschen sich von Herzen lieben und sich zur Ehe verpflichtet haben, entwickeln sie mit der Zeit normalerweise ein gegenseitiges Verständnis, das kein anderer nachempfinden kann. Sie teilen zahllose Erinnerungen, die ihnen ganz alleine gehören. Daraus erwächst zum größten Teil die besondere Bedeutung des einen für den anderen.“[4]

Wenn wir uneins sind, erinnern wir einander daran, dass wir ein Team sind.

***

Meine Frau erinnert mich an die romantischen Zeiten, die wir miteinander hatten und betont die Liebenswürdigkeiten, die ich in die Beziehung einbringe.

Intimität drückt sich in der Ehe durch Sexualität aus. Zur Intimität in der Ehe gehört die gegenseitige sexuelle Befriedigung. „Sexuelle Intimität", so schreibt Karen Scalf Linamen, „ist tatsächlich die einzige Dynamik, die aus einer Ehe mehr als eine lebenslange Arbeitsgemeinschaft oder die wirtschaftliche Konsumgenossenschaft einer WG (Wohngemeinschaft) macht."[5] Eine „schau in mich hinein"-Liebe findet in der Ehe ihren einmaligen Ausdruck durch ihre sexuelle Vereinigung.

Ich möchte, dass meine Frau wenigstens einmal in der Woche eine wahnsinnige Lust verspürt.

Intimität basiert auf Vertrauen und Identität. Wie bereits in den vorangegangenen Kapiteln besprochen, schenkt Vertrauen der Liebe eines Paares Sicherheit und Geborgenheit. Eine gesunde Identität bedeutet, dass man sich selbst kennt und sich in seiner Haut wohl fühlt. Das gibt Freiheit.

Intimität schenkt Geborgenheit in der Ehe. Liebe, die die verschiedenen Jahreszeiten einer Ehe durchsteht, gewinnt an „Geborgenheit". Eine Mutter mit kleinen Kindern schrieb ihrem Mann das nachfolgende Gedicht, das die Qualität ihrer Liebe zum Ausdruck bringt.

Liebe in Geborgenheit

Was ich „Liebe in Geborgenheit" nenne,
ist nicht eine neue oder strahlende oder hinreißende Liebe.
Sie ist mehr wie ein Stoffteddy mit abgeliebtem Fell,
urgemütlich, schmusig und warm.
Es ist die Liebe, die Lebensprüfungen überstanden hat,
viel tiefer, als eine neue Liebe sein könnte.
Diese Liebe ist voller Geschichten,
eine Passion durch Freud und Leid.
Diese Liebe macht stark und sicher,

wie eine Babydecke in Kindertagen.
Liebe in Geborgenheit teile ich mit dir.
Sie wird immer wertvoller, köstlicher und tröstlicher
von Tag zu Tag.[6]

Das andere Geschlecht wird nie das andere Geschlecht ganz verstehen.

Wie Kinder die Intimität der Eltern verändern

Becky Freeman beschreibt in ihrem Buch *Marriage* (Ehe) den typischen Kreislauf der meisten Ehen.

> *Das Baby ist da. Der Mann beobachtet, wie sich die Liebe seiner Frau in Mutterliebe verwandelt. Der Mann entbehrt seine Frau. Die Frau fühlt sich zweigeteilt. Die Pflege des Babys erfordert alle Kräfte des Paares. Kaum ist das Schlimmste überstanden und der Alltag unter Kontrolle, zeigt der Schwangerschaftsteststreifen schon wieder die Farbe blau.*[7]

Kinder verändern die Intimität innerhalb einer Ehe und lösen Konflikte aus. Daran besteht kein Zweifel. Kinder bereichern eine Ehe aber sie schwächen sie auch. Wir alle wissen, dass die bloße Anwesenheit von Kindern eine Liebesflamme auslöschen kann. Doch bevor wir beklagen, wie stark Kinder uns herausfordern, wollen wir zuerst einmal über den Segen sprechen, den sie mit sich bringen.

Kinder vertiefen die Intimität

In dem Moment, wo wir erfahren, dass wir ein Baby erwarten, definiert sich unsere Liebe neu. Plötzlich ist Sex mehr als ein herrlicher Zeitvertreib, der uns reizt und gemeinsam erfreut. Er ist ein *Schöpfungsakt* und wir sind ergriffen, dass wir an dem Wunder eines neuen

Lebens beteiligt sind. Nach der Geburt staunen wir, dass jede Zelle dieses Kindes aus uns entstanden ist. Jede Veranlagung ist ein Ergebnis aus der Kombination unserer Wesensart. Wir erschauern bei dieser Erkenntnis und sind ergriffen.[8]

So werden wir zu einem Elternpaar, das sich das gemeinsame Projekt, die Pflege und Erziehung des Kindes, teilt. Das schafft Intimität. Wo wir uns früher mühten, zusammen ein schönes Geschirr auszusuchen, ein Sofa oder ein Auto, sind unsere gemeinsamen Bemühungen nun auf ein Kind gerichtet – ein Leben, ein Geschöpf, das aus uns heraus geschaffen wurde und eines Tages als ein unabhängiger Mensch in die Welt gehen und unseren Einfluss auf die nächste Generation übertragen wird. Diese unglaubliche, uns geschenkte Verantwortung verbindet uns wie sonst nichts in der Welt, wenn wir uns voneinander und miteinander Kraft und Hoffnung holen.

Kinder haben unserer Beziehung einen neuen Stellenwert gegeben – unsere Beziehung ist reifer geworden.

Mit der Bildung eines neuen Lebens und der daraus resultierenden Verantwortung vertieft sich die Intimität eines Paares, wie sich das vorher keiner ausmalen kann.

Kinder schwächen die Intimität einer Ehe

Alle Ehepaare wollen sich ihre Intimsphäre erhalten, sie erweitern und sich aneinander erfreuen. Dennis Rainey glaubt, dass das Problem Nummer eins für Ehepaare heute ein Mangel an Intimität ist, oder anders gesagt: „Männer verschließen sich vor ihren Frauen und Frauen verschließen sich vor ihren Männern."[9] Die Furcht eines Intimitätsverlustes in der Ehe durch Kinder ist einmalig.

Ich bin müde und es fällt mir schwer, sexuelle Gefühle zu empfinden.

***

Ich brauche die Hilfe meines Mannes, damit wir die Kinder ins Bett bekommen. Erst dann können wir zusammen sein.

***

Ich mag nicht immer mit unseren beiden kleinen Söhnen die Zuwendung meiner Frau teilen.

Eine Mutter beschreibt den Intimitätsverlust folgendermaßen:

> *Ein Kind verändert alles. Zunächst lief alles wie früher, wir bezahlten unsere Rechnungen, telefonierten, bestimmten das Essen. Aber plötzlich gab es offensichtlich nichts mehr außerhalb unserer Wohnung, nur noch das Plappern oder Weinen unseres Sohnes. Mein Mann und ich lächelten einander beim Essen vorsichtig an und wandten sofort wieder unsere Aufmerksamkeit dem herrlichen kleinen Geschöpf in meinen Armen zu. Unser Kind war unsere einzige Leidenschaft. Die Ehe war in den Hintergrund gerückt.*[10]

In unserem Ehe-Mobile erzeugen Kinder einen heftigen Sturm, was die Intimität angeht. Lesen Sie weiter und prüfen Sie, ob Sie in Ihrer Beziehung die eine oder andere ähnliche Erfahrung gemacht haben.

Erschöpfung. Eltern kleinerer Kinder – sei es Mann oder Frau – sind oft zu müde, um sich Zeit füreinander zu nehmen. Das kostet am Ende eines dicht gefüllten Tages zu viel Mühe. Morgens müssen sie früh aus den Federn und das Baby versorgen oder sie müssen früh zur Arbeit – oder beides. Dazu kommen alle anderen Aufgaben wie Einkaufen, Putzen, Rechnungen begleichen und Körperpflege und das *zusätzlich* zu der Verantwortung für Kinder. Solange die Mutter stillt und das Nacht für Nacht, ist ihr Körper schon morgens erschöpft. Wie die Komikerin Liz Curtis Higgs es ausdrückt, möchten Frauen ihren Männern am liebsten sagen: „Dieser Körper kann immer nur eine Sache auf einmal schaffen!“

Zeit. Manchmal ist es das zweite Kind, das unser Ehe-Mobile völlig aus dem Gleichgewicht bringt. Wir haben uns an ein Baby gewöhnt und finden wieder etwas Zeit füreinander. Aber beim zweiten Kind, wenn das erste entsprechend seiner Entwicklung *permanent* beobachtet werden muss, bleibt keine Sekunde Zeit mehr für irgendetwas anderes. Eine Mutter klagte, bei ihnen sei es das dritte Kind gewesen, das sie total geschafft habe. „Es war, als wären wir vom Nahkampf zum Frontangriff übergegangen. Erst dann haben wir festgestellt, dass wir tatsächlich überhaupt keine Zeit mehr für uns hatten."

Unterbrechungen. Kinder sind Störenfriede. Sie unterbrechen unsere Unterhaltung, unseren Schlaf und unsere romantische Stimmung. Wir kennen das alle. Die Kinder sind im Bett. Das Feuer knistert. Kerzen flackern. Wir rücken näher aneinander. Der Hund zwängt sich zwischen uns. Wir sitzen eng zusammen und die Stimmung steigt. Plötzlich zwei winzige nackte Füße unter der Schlafanzughose unseres Kindergartenkindes, das sich am Ohr zupft und wimmert: „Das tut so weeeh!"

Oder die Geschichte eines jungen Ehepaars, das es bereits sogar bis in sein Schlafzimmer geschafft hatte. „Wir waren der festen Überzeugung, unsere Kinder schliefen sanft und fest, als plötzlich eine leise Stimme neben unserem Bett fragte: „Papa, darf ich nach dir auch mal auf der Mama reiten?"[11] Eine solche Geschichte allein genügt und nur der bloße Gedanke an eine derartige Unterbrechung schlägt jede Idee einer intimen Zweisamkeit mit Kindern im Haus in den Wind.

> Ich habe unsere Spontaneität entbehrt.
> Durch die Kinder mussten wir alles bis ins Detail planen.

Realität. Hinzu kommt die Realität, die jede Seifenblase unserer idealistischen Erwartungen zerplatzen lässt. Wir dachten, in der Ehe würden wir einander ständig liebevoll und sensibel wahrnehmen. Stattdessen wird sie von der Wirklichkeit durchsäuert, die von uns verlangt, den unerschöpflichen Bedürfnissen unserer Kinder nachzukommen. Kein Wunder, dass die meisten Paare zunehmend taub und stumm werden. Eine Mutter berichtet von ihrer Erfahrung:

Ein Baby genügt, um zwei verliebte Träumer auf den Boden der Tatsachen zurückzuholen. Mit drei Kindern fühle ich mich so fest mit dem Boden der Tatsachen verwurzelt wie ein Baum. Und mein Traum liegt auf dem Abstellgleis einer weit entfernten Bahnstation. Selbst wenn wir einen winzigen Augenblick für uns finden, der nicht von einem Kind unterbrochen wird, das nach Rosinen verlangt, oder von einem Baby, das gestillt werden will, oder von einem Telefonanruf, stellen wir fest, dass wir nicht wie einst über uns, sondern über unsere Kinder reden.

Anschließend beschreibt sie ein Thema, das viele junge Ehen betrifft – das berufliche Unterwegssein und die Abwesenheit von der Familie:

Wenn uns früher eine Nacht allein bereits körperlich wehtat, verlangt der Beruf meines Mannes heute, dass er alle zwei Wochen eine Woche lang unterwegs ist, oder es kommt auch vor, dass er jede Woche fort sein muss und nur für zwei Tage am Wochenende nach Hause kommt. Das ist kein Rhythmus, den wir uns je ausgesucht haben, und ich hoffe sehr, dass sich das eines Tages auch wieder ändert. Doch im Augenblick müssen wir damit leben.[12]

Alte Liebesbeziehungen. Es ist merkwürdig, wie leicht wir uns in Phantasien früherer Freundschaften und verflossener Verliebtheiten flüchten, wenn wir den Realitäten als Eltern gegenüberstehen. In den ersten Tagen ist es für den frisch gebackenen Vater und die junge Mutter schon fast normal, dass sie sich gestehen, sie hätten von ihren alten Freundinnen oder Freunden geträumt. Die Frage „Was wäre wenn ...?" im Vergleich zu dem was ist, scheint Mann und Frau gleichermaßen zu beschäftigen.

Eine Frau teilte uns ihren Traum mit:

Vergangene Nacht habe ich von einem Studienfreund geträumt, der plötzlich in meinem Leben wieder auftauchte und mir den Boden unter den Füßen wegzog. Frisch verliebte Gefühle von damals durchfluteten mich: Mein Puls raste, ich spürte Schmetterlinge in meinem Bauch und sehnte mich nach Berührung. Das sind Wünsche, die im täglichen Einerlei, in der Sorge um die Kinder und im Ehe-Alltag einfach untergehen.
Mein Traum steigerte sich so weit, dass ich bereit war, meine Studentenflamme zu heiraten. Und dann fühlte ich eine andere vertraute Erregung – diese schreckliche Sehnsucht, die ich als Kind verspürte, wenn ich drauf und dran war, abzuhauen, irgendwo zelten und ein langes Wochenende von zu Hause fort sein – ein Heimweh nach Geborgenheit.
Ich weinte im Schlaf. Und dieses Weinen muss mich aufgeweckt haben und ich spürte meinen Mann, der schnarchend neben mir lag. Irgendwie war ich dankbar.

Erinnerungen an oder Versuchungen durch andere Liebhaber tauchen in allen Phasen einer Ehe einmal auf. In den ersten Jahren mit kleinen Kindern, wenn sich Ehepaare der Realität ihrer gewählten Ehepartner noch einmal ganz neu stellen müssen, treten diese Träume besonders häufig und intensiv auf.

Ich möchte, dass meine Frau an mich glaubt.

Kummer und Sorgen. Keiner kann sich vor diesen unwillkommenen Gästen in seiner Ehe schützen: dem Kummer und der Sorge. Niemand möchte die Tür öffnen, wenn eine Tragödie oder Krise ungebeten an der Wohnungstür lauert. Und doch dringt sie ungebeten ein.

Der Tod eines Elternteils oder eines Kindes. Der Verlust der Arbeit, ein Stellenwechsel oder der Umzug in eine fremde Stadt. Eine Krankheit, Depression, Belastungen aus der Vergangenheit, die längst vergessen schienen, solche Ereignisse können in jedem Alter

Teil des Lebens werden. Besonders gravierend und das Leben beeinträchtigend sind sie allerdings in einer jungen Familie, die sich erst mit der Tatsache auseinander setzen muss, dass das Leben nur selten so verläuft wie erwartet.

Und doch sind derartige Herausforderungen oft der Anfang für eine ganz neue Ehrlichkeit und Sensibilität. Aus einer schmerzlichen Situation erwächst daher häufig eine tiefere Intimität. Vielleicht geht es uns wie der Frau, die nicht wusste, wie sie ihren Mann nach dem plötzlichen Verlust seines 33-jährigen Freundes trösten sollte: „Hier saß mein Mann, mit dem ich drei Kinder, ein Haus gebaut und zwölf Jahre zusammengelebt hatte. Und doch kannten wir uns nicht gut genug, um den Schmerz miteinander zu teilen. Unsere Ehe hatte uns noch nie vor eine derartige Herausforderung gestellt. Sie war bis dahin stets wie ein Unternehmen abgelaufen, in dem jeder von uns seinen Anteil beizutragen hatte und seine individuelle Rolle spielte. Er beschaffte den Unterhalt und ich besorgte Haus, Garten und Kinder. Etwas nicht zu schaffen, galt als Schwäche."

Dann beschreibt sie, wie sie an der offenen Schlafzimmertür vorübergeht und ihren Mann allein mit seinem Kummer auf der Bettkante sitzen sieht. Sie bleibt stehen – dann tritt sie ins Schlafzimmer und setzt sich neben ihn. Sie beginnen über diesen Freund zu reden, tauschen Erinnerungen an ihn aus und schließlich weinen sie beide. Später schreibt sie dazu: „In den vergangenen Jahren hatten wir eine gemeinsame Geschichte und eine Nähe zueinander entwickelt, die uns gar nicht bewusst war. An jenem Abend gestanden wir uns ein, dass wir mit dem Leben nicht allein fertig werden könnten. Wir brauchten einander."[13]

In den ersten Ehejahren mit Kindern scheint ein rauer Wind durch die Intimität innerhalb einer Beziehung zu wehen. Bei vielen Paaren spielt dann das Ehe-Mobile verrückt und es sucht verzweifelt nach einem ruhenden Pol, damit es sich wieder erholen kann und das Gleichgewicht findet, das es einmal hatte. Wie wir bereits gelernt haben, ändert sich unsere Identität mit der Geburt eines Kindes und genauso muss sich auch unsere Intimität der neuen Situation anpassen. Wir sind nicht mehr die, die wir waren, als wir geheiratet haben. Wir haben uns verändert. Unsere Intimität muss sich ebenso ändern.

Widerstand gegen heftige Stürme

Es gibt so manche praktische Dinge, die man beachten kann, damit sich die Intimität in der Ehe wieder stabilisiert. Einiges davon ist so einfach, dass man versucht ist, lachend zu fragen: „Und das soll's jetzt bringen?" Vielleicht ist das genau der Punkt: Viele machen sich das Leben viel zu kompliziert. Wir tun verzweifelt alles, damit wir eine Ehe gestalten, die für unsere Kinder zum sicheren Nest wird, in dem sie wachsen und gedeihen können. Die folgenden simplen Techniken haben schon vielen Eltern geholfen, das können wir bezeugen, und sie werden, wenn Sie sie ausprobieren, auch Ihnen helfen, eine neue Intimität innerhalb Ihrer Ehe zu schaffen.

Ruhe

Einleuchtend, oder? Und warum ruhen wir uns nicht mehr aus? Der Mythos, dass wir möglichst *alles* tun müssen, hält uns in Atem. Tu alles *in diesem Augenblick* und tu alles *ganz genau*. Das Prinzip des Wettbewerbs hat in unserer westlichen Welt jeden Bereich unserer menschlichen Existenz durchdrungen – auch die Familien.

> Wenn wir verschiedener Meinung sind, beschreibt jeder von uns,
> ohne dass er unterbrochen wird, seine Gefühle.
> Dadurch gewinnen wir Verständnis füreinander.
> Anschließend suchen wir nach einer Kompromisslösung.

Rabbi Naomi Levy macht uns auf einen Tipp aus dem Alten Testament aufmerksam. „Stellt euch vor, wie es wäre, wenn sich jeder in der Woche einen ganzen Tag zum Ausruhen frei nehmen könnte. Ein Tag, an dem man keine Besorgungen erledigt, sich keinen Film anschaut, sondern an dem man seine Seele einfach baumeln lassen kann."[14]

Klingt nicht schlecht. Und doch haben wir Mühe, eine solche Vorstellung umzusetzen. Vielleicht stellen wir uns zu viel unter einem Ruhetag vor, dass wir meinen, wir müssten uns ganz und gar aus allem herausnehmen. Wir meinen, wir müssten Geld ausgeben oder in die Stadt fahren oder sonst irgendwohin von zu Hause fort, damit wir zur Ruhe kommen können.

Vielleicht fällt es uns auch schwer, zur Ruhe zu kommen, weil wir den Wert der Ruhe nicht erkennen. Für uns hat die *Tat* ihren Wert und nicht das *Sein*. Es ist eine Frage von Perspektive und Priorität. Wie Rabbi Levy sagt: „Wenn wir zur Ruhe kommen, *vermissen* wir das Leben nicht. Wir erkennen vielmehr den *Wert* des Lebens."[15]

Halten Sie sich den Sonntag frei. Gehen Sie zum Gottesdienst und darüber hinaus tun sie einfach *nichts*. Falls Sie sonntags nicht frei haben, suchen Sie sich einen anderen Tag aus, an dem Sie sich ausruhen können. Ergreifen Sie die Initiative dazu! Markieren Sie Ihren Ruhetag im Kalender. Schlafen Sie, wenn die Kinder schlafen. Legen Sie sich gemeinsam ins Gras und schauen nach den Wolken. Essen Sie mit den Fingern von Papiertellern. Machen Sie alles so einfach wie möglich. Und dann tun Sie das Gleiche am nächsten Sonntag. Und am übernächsten auch. Ruhe macht Herz und Seele gesund und erneuert unsere Energie, die wir für die Ehe brauchen.

Sie brauchen einander

Heute wird Unabhängigkeit groß geschrieben. Wir glauben, wir schützen uns und unseren Ehepartner, wenn wir uns emotional distanzieren und lernen, allein fertig zu werden. „Ich will niemandem zur Last fallen", sagen wir uns. „Er braucht seinen Freiraum." Oder: „Sie würde mich als dominant empfinden." Wie immer wir es auch ausdrücken mögen, wir täuschen uns, wenn wir glauben, wir müssten durch unsere Unabhängigkeit Stärke und Reife zeigen, denn Unabhängigkeit sei in jedem Fall besser.

Zur Intimität in der Ehe gehört, dass wir uns bewusst machen, wie sehr wir einander brauchen, dass wir dieses Bedürfnis bejahen und dieses Bedürfnis auch aussprechen. Es bedeutet, dass wir uns jeden Tag neu klar machen, dass es *nicht* gut ist, dass der Mensch allein sei, sondern dass Mann und Frau besser dran sind, wenn sie zusammengehören. Es mag riskant sein, wenn wir uns wieder näher kommen, indem wir uns einander gegenüber öffnen und dadurch verwundbar werden; wenn wir zugeben, wie sehr wir als Eltern aufeinander angewiesen sind. Doch dies ist eine ganz gesunde Abhängigkeit. Luciano de Cresenzo formuliert es vortrefflich, indem er sagt: „Jeder von uns ist ein Engel mit nur einem Flügel. Und wir können nur fliegen, wenn wir einander umarmen.“[16]

Miteinander reden – aufeinander hören

Für die Ehe ist eine gute Kommunikation ganz wesentlich und sehr oft wird sie zu einer Herausforderung. Bei einer schriftlichen Umfrage unter 1000 Vätern und Müttern nannten Männer wie Frauen als Problem Nummer eins in ihrer Ehe: *mangelnde Kommunikation.* Zur Kommunikation, die Paare einander näher bringt, gehören drei lebenswichtige Elemente: Zuhören, Reden und fair kämpfen. Wir wollen ein Element nach dem anderen bedenken.

Zuhören. Pastor Mark Brewer beschreibt zwei Möglichkeiten, wie man zuhören kann: „Wir können zuhören, um zu antworten oder wir können zuhören, um zu verstehen. Überdenken Sie die Gespräche mit Ihrem Partner und fragen Sie sich, wie Sie zuhören. Hören Sie zu, um eine Antwort zu finden? In diesem Fall passen Sie genau auf, dass Sie den nächstmöglichen Moment erwischen, wo Sie das Gespräch ergreifen können. Entweder bestätigen Sie anschließend Ihre Frau, oder Sie äußern Ihr Missfallen oder Sie beenden das Gespräch, damit Sie sich wieder mit etwas anderem beschäftigen können. Falls Sie zuhören, um zu verstehen, legen Sie normalerweise Ihre eigenen Dinge zur Seite. Sie wollen ganz genau mitbekommen, wie es Ihrem Partner ums Herz ist und wollen möglichst erfahren, wie er oder sie die Welt oder einen Ausweg aus dem Problem sieht.“

Reden. Die intime Kommunikation beginnt mit dem Zuhören, um zu verstehen. Natürlich muss es auch eine Möglichkeit zur Antwort geben. Walter Trobisch schreibt in seinem Buch *Ich liebte ein Mädchen:* „Wahre Liebe redet. Liebe, die keine Worte findet, um sich

Mir ist es wichtig, dass mein Mann mir alles erzählt,
was ich wissen soll und nicht meint, dass ich es bereits wüsste.

***

Früher habe ich geglaubt, ich hätte immer Recht. Heute stelle ich fest,
meine Frau denkt anders als ich, und ich höre genau hin, was sie zu sagen hat.

Ausdruck zu verleihen, stirbt schnell."[17] Einigen fällt das Reden natürlich leichter als anderen. Doch selbst große Schweiger können lernen, tiefer zu graben und ihre Gefühle in Worte zu fassen. Das braucht vielleicht etwas Übung. Aber das brauchen alle anderen wichtigen Dinge auch.

Gary Smalley und John Trent bieten Menschen, die sich mit dem Reden schwer tun, in ihrem Buch *The Language of Love* (Die Sprache der Liebe) Hilfe an. In diesem Buch beschreiben sie, wie man Wortbilder benutzen kann, um so das Tor zum anderen zu öffnen. „Ein emotionales Wortbild ist ein Werkzeug zur Kommunikation. In diesem Werkzeug wird eine Geschichte oder eine Sache benutzt, die gleichzeitig *das Gefühl und den Intellekt* eines Menschen anregt. Dadurch kann der Zuhörer dann unsere Worte *erfahren* und nicht nur hören."[18]

Wenn wir zusammen sind, rede ich lieber weniger über die Kinder
und mehr über uns.

Nehmen wir einmal an, Sie haben am Samstag Gäste zum Essen eingeladen und Sie erwarten von Ihrem Mann, dass er Ihnen am Nachmittag hilft, damit Sie rechtzeitig mit den Vorbereitungen fertig werden. Ihr Mann schaut sich ein Fußballspiel im Fernsehen an und verspricht, Ihnen später zu helfen. Nach einigen vergeblichen Versuchen gelingt es Ihnen, seine Aufmerksamkeit zu ergattern, indem Sie bemerken: „Ich fühle mich hier in der Küche wie im Viertelfinale. Mein Team ist im Rückstand. Es bleibt nicht mehr viel Zeit. Ich bin gestresst, weil ich spüre, dass ich dieses Spiel verlieren werde." Schau an! Auf einmal kapiert er Ihre Befürchtung, weil Sie Ihre Bitte in ein Wortbild gekleidet haben, das er versteht.

> **Ich will nicht, dass mein Mann mit seinem Argument Recht hat; ich möchte, dass er meine Gefühle versteht.**
>
> ***
>
> **Zuerst schleichen wir um unser Unbehagen herum und versuchen, Unstimmigkeiten zu vermeiden; doch dann sprechen wir darüber.**
>
> ***
>
> **Wir kämpfen viel zu oft, bis einer erschöpft nachgibt.**

Fair kämpfen. Keine Ehe ist konfliktfrei. Der klinische Psychologe und Ehetherapeut Clifford Notarius sagt, dass Differenzen in der Ehe nicht das eigentliche Problem sind, sondern wie ein Paar mit seinen Differenzen umgeht.[19]

Wie gehen Sie und Ihr Partner mit Konflikten um? Sehr oft sind Konflikte das Ergebnis kleiner Ursachen, die zu Monstern werden und plötzlich die gesamte Vergangenheit, Gegenwart und Zukunft einnehmen! Vorwürfe beinhalten Verallgemeinerungen wie *„du hast immer ..."* oder *„du machst nie ..."* Nehmen Sie den guten Rat an und bleiben Sie beim Thema! Sagen Sie nichts, was Sie später bereuen könnten!

Les und Leslie Parrot geben einige Tipps, wie man heikle Konfliktpunkte angehen kann:

- *Laufen Sie nicht vor der Auseinandersetzung davon!* Machen Sie sich klar, dass Sie kämpfen *wollen.* Nehmen Sie sich vor, strittige Themen direkt anzugehen.
- *Wählen Sie Ihre Kämpfe sorgfältig aus!* Eine sehr wichtige Aufgabe in der Ehe ist, dass man lernt, was geändert werden kann und auch geändert werden sollte und worüber man hinwegsehen muss.
- *Umreißen Sie das Thema ganz genau!* Stellen Sie sich zunächst die

Fragen: „Worum streiten wir uns überhaupt?“ und „Was ist der eigentliche Grund unserer Unstimmigkeit?“ Damit identifizieren Sie die Konfliktursache.

- Benennen Sie sofort, was Sie empfinden! Versuchen Sie es mit der X,Y,Z-Formel: „Ich fühle mich X, wenn du in Situation Y – Z tust.“
- Klassifizieren Sie die Intensität Ihrer Gefühle! Legen Sie eine Skala von 1–10 fest, damit ein Partner, der sich nicht deutlich verbalisieren kann, den Grad seiner Gefühle erklären kann.
- Werten Sie den anderen nicht ab! Untersuchungen haben ergeben, dass nur eine einzige Abwertung viele Stunden der Zuneigung braucht, um diese wieder wett zu machen. Darum bleiben Sie freundlich gegenüber Ihrem Partner und vermeiden Sie jede Abwertung.[20]

Und dann gibt es natürlich noch die übrigen allgemeinen Verhaltensweisen, die man stets beachten sollte:

- *Benutzen Sie Ich-Botschaften.* Statt der Anschuldigung: „Du lässt immer deine Sachen auf dem Boden liegen“, versuchen Sie es mit: „Ich ärgere mich, wenn ich hinter dir und den Kindern alles aufsammeln muss.“
- *Vermeiden Sie Verallgemeinerungen.* „Du machst nie ...“ und „du hast immer ...“ erwecken Ärger und rufen eine Verteidigungshaltung hervor, die jede Kommunikation blockiert.
- *Den richtigen Kampf gewinnen.* Fragen Sie sich, was wichtiger ist, *Recht* zu haben oder die Beziehung *zurecht* zu bringen.
- *Wählen Sie den richtigen Zeitpunkt und Ort, um den Konflikt beizulegen.* Manchmal ist es besser, zu einem späteren Zeitpunkt über den Konflikt zu reden.

Sich lieben

„Ich habe heute Morgen mit einem hübschen jungen Mann im Bett gefrühstückt. Leider ist er erst sechzig Zentimeter lang und sein Frühstück war ich, und ich habe noch Hunger.“

Das ist die häufigste Form der Intimität, die junge Mütter mit ihren Säuglingen pflegen. Bei jungen Vätern hört sich das nicht viel besser an. Ganz sicher hat Ihnen als Ehepaar früher ein Liebesspiel mehr Freude gemacht und Sie haben auch die nötige Zeit dazu gefunden. Anderenfalls würden Sie wahrscheinlich keine Kinder haben und das Buch jetzt nicht lesen! Oh, die anscheinend unmöglichen Möglichkeiten, mit kleinen Kindern Zeit für sich als Ehepaar zu finden! Und doch stärkt Sex, wie wir bereits erwähnt haben, die Intimität und ist ein wichtiger Bestandteil jeder Ehe, auch wenn Kinder geboren wurden.

Ja, es stimmt tatsächlich, dass eine gesunde Sexualität zwischen den Eltern auch gesund für die Kinder ist. In dem Buch *LiebesLeben* von Karen Scalf Linamen sagt die Autorin, dass sexuelle Intimität zwischen Mann und Frau nicht nur die Ehebeziehung bereichert, sondern weit darüber hinaus auch das Leben ihrer Kinder beglückt.[21] Kinder gedeihen in einem Haus besonders gut, wo Mutter und Vater einander lieben.

Nun haben Männer und Frauen einen unterschiedlichen Appetit auf Sex, vor allem nach der Geburt eines Kindes. Es erfordert viel gegenseitiges Verständnis, Flexibilität und die Bereitschaft, gemeinsam an der sexuellen Intimität zu arbeiten, damit die Ehe wieder ausgeglichen und harmonisch wird. In unserer Einführungsgeschichte wünschten sich Eric und Kirsten beide Intimität. Aber Eric wollte Sex und Kirsten wollte reden. Das ist ein deutliches Beispiel für unterschiedliche Bedürfnisse. Es hat einmal jemand gesagt, dass die stärkste erogene Zone einer Frau ihr Herz sei und ihr größtes Bedürfnis liebevolle Worte sind.

Tatsache ist, dass sexuelle Intimität erst erreicht wird, wenn auch andere Intimbereiche gepflegt werden. Wir haben schon über die verschiedenen Intimitäten gesprochen, wozu soziale Intimität, kreative Intimität und intellektuelle Intimität gehören. Kenneth Chafin schreibt zu diesem Thema: „Die moderne Erkenntnis, dass Sex der Ehe Bedeutung verleiht, hat einen Hintergrund. Es ist die Lebenserfahrung, die Mann und Frau miteinander teilen. Sie verleiht der Sexualität ihre Bedeutung."[22]

Am Silvesterabend treffen wir uns regelmäßig mit einer kleinen Gruppe von Freunden. Im ersten Jahr machte unser Gastgeber den Vorschlag, ob wir uns zu Silvester nicht über die ungewöhnlichen Orte, an denen wir im letzten Jahr Sex gehabt hatten, austauschen wollten. Ich wusste, dass mein Schatz von Mann sich zu Tode schämen würde, wenn er nichts Interessantes vorzuweisen hätte. Darum gingen wir an einem ungewöhnlich warmen Dezemberabend hinters Haus auf das Trampolin und erlebten ein wunderbares Liebesabenteuer. Auch wenn Sie es nicht glauben: Ich bin sehr konservativ und ganz schamhaft. Aber ich muss gestehen, es war ein aufregendes Erlebnis. Inzwischen ist es schon Tradition geworden, jedes Jahr eine Liebesgeschichte neu zu gestalten. Das macht die Sache so richtig prickelnd.

Wir werden feststellen, dass vieles unser sexuelles Verlangen und unsere Freude am Sex erregt. Dazu gehören:

- *Körperliche Unterschiede.* Viele Paare wissen gar nicht, wie sehr die körperlichen Unterschiede zwischen Mann und Frau die Intensität ihres Sexuallebens beeinflussen. Zum Beispiel sagen Sexualforscher, dass ein Mann in 90 Sekunden voll erregt ist und zum Orgasmus kommen kann, während eine Frau dazu 15 bis 30 Minuten braucht.
- *Familiärer Hintergrund.* Männer wie Frauen sind durch ihre Familien bezüglich ihrer Einstellung zur Sexualität stark beeinflusst. Einige sind in Familien aufgewachsen, wo offen über Sex gesprochen wurde. Andere dagegen sind in Familien groß geworden, wo schamvoll über Sexualität geschwiegen wurde. Diese Unterschiede können ein Paar blockieren.
- *Kultur.* Filme, Fernsehen und Bücher können verwirren und das Sexualleben eines Paares durch unrealistische Erwartungen und Beschreibungen, die alles andere als normal sind, behindern. Je nachdem wie stark sich ein Paar der kulturellen Verwirrung aussetzt, kann es im Intimbereich zu Problemen führen.
- *Frühere sexuelle Erfahrungen.* Immer mehr junge Menschen haben vor der Ehe sexuelle Erfahrungen gemacht. Gefühle von

Schuld, Bedauern und Reue können emotionale Narben hinterlassen, die einen Menschen so sehr blockieren, dass er sich an seiner Sexualität innerhalb der Ehe nicht unbefangen freuen kann.

- *Gegenwärtige Lebensumstände.* „Ein harter Tag im Büro" oder eine „schlimme Phase mit den Kindern" können die Fähigkeit eines Partners, dem Anderen liebevoll zu begegnen, stark reduzieren.
- *Körperliche und seelische Beeinträchtigungen*, zum Beispiel durch Krankheit, können sexuelle Wünsche ausschalten.
- *Geistliche Bedürfnisse.* Geistliche Intimität verbindet ein Ehepaar emotional sehr stark und trägt zur Freude am gemeinsamen Sex bei.[25]

Das Sexualleben eines Paares verbessert sich, sobald es die vielen Bereiche bewusst wahrnimmt, die die sexuelle Intimität beeinflussen. Es verbessert sich normalerweise außerdem, sobald Mann und Frau sich bewusst machen, was ihren jeweiligen Tagesablauf bis an den Rand ausfüllt und sie offen miteinander über ihre sexuellen Erwartungen sprechen. Zugegeben, das ist nicht immer leicht, doch viele gute Bücher sind zu diesem Thema auf dem Markt erhältlich.

Leben Sie Ihre Liebe aus

Sehr oft sind es die Kleinigkeiten, die zusammengenommen die Intimität in einer Ehe prägen. Kleinigkeiten in die Tat umsetzen, das schafft Veränderung! Wir haben eine ganze Liste mit Kleinigkeiten aufgeführt, die dazu beitragen können, dass sich die Intimität innerhalb Ihrer Beziehung stark verändert.

Aufmerksamkeit. Wie oft schauen Sie sich den Menschen, den Sie geheiratet haben, tatsächlich an? *Schauen* Sie ihn *wirklich* an und *sehen* Sie ihn auch? Wenn er das Zimmer betritt, heben Sie dann den Kopf und begrüßen Sie sich? Sie geht zu Bett. Lösen Sie für einen Moment Ihre Augen von Ihrem Sportprogramm im Fernsehen und sagen Gute Nacht?

Jeder von uns hat neben den Kindern noch eine Menge auf seiner Liste. Wir haben vieles gestrichen, um uns mehr aufeinander zu konzentrieren.

Wir haben zwei Möglichkeiten in unserer Beziehung: Wir können wahrnehmen oder abschalten. Welche Möglichkeit haben Sie für Ihre Ehe gewählt? Das wissen Sie nicht so genau? Dann vergleichen Sie doch einmal, wie aufmerksam Sie Ihre Kinder beobachten. Wie reagieren Sie, wenn Ihr Sohn oder Ihre Tochter nach dem Kindergarten in Ihr Auto klettert? Verstehen Sie die Körpersprache Ihres Kindes? Bekümmert oder begeistert Sie das, was es erzählt? Viele von uns nehmen ihr Kind mehr wahr als ihren Ehepartner.

Anne Ortlund macht folgenden Vorschlag: „Gewöhnen Sie sich an, jedes Mal, wenn Sie Ihrem Partner begegnen, ihm ins *Gesicht* zu schauen, selbst wenn es alle paar Minuten sein sollte."[24] Nehmen Sie einen neuen Haarschnitt wahr oder die Augen oder die Körperhaltung, die sagt: „Ich hatte einen schweren Tag." Und dann sagen Sie Ihrem Partner, was Sie bemerkt haben. Ein netter Kommentar, eine Frage, eine Berührung, ein verständnisvolles Lächeln, eine Antwort – nehmen Sie am Leben Ihres Partners Anteil, wie Sie am Leben Ihres Kindes Anteil nehmen. Sie werden sehen, wie die Nähe zueinander wächst.

Spontaneität. Ein Geheimnis für eine glückliche Ehe ist die Spontaneität. „Die Liebe ist wie eine Tageszeitung. Sie muss jeden Morgen brandaktuell sein. Die Liebe von gestern und die Tageszeitung von gestern sind möglicherweise überholt. Beides ist so fad und leblos wie abgestandenes Sodawasser."[25]

Spontan sein heißt, unbewusst ganz natürlich reagieren und handeln. Synonyme zu *spontan* sind Wörter wie *begeisterungsfähig, kess, leidenschaftlich, schwungvoll, impulsiv und initiativ.* Halten Sie Ihren Mann in Spannung. Überraschen Sie Ihre Frau mit einem spontanen Kuss. Geben Sie Ihrer routinierten Liebesbezeugung die Würze der Spontaneität!

Geben. „Keine Ehe kann eine enge Beziehung aufrechterhalten, wenn Mann und Frau ihre Dankbarkeit füreinander nicht zum Ausdruck bringen", meinen Jim und Jeri White.[26] Geben bereichert den Gebenden und den Nehmenden. Dadurch dass Mann und Frau etwas von sich selbst geben und einander dankbar sind, vertieft sich ihre Intimität.

Auf unseren Fragebögen haben wir Eltern die Frage gestellt, wie sie ihre Ehe durch Romantik beleben könnten. An den folgenden Antworten können Sie erkennen, wie wichtig dabei Wahrnehmung, Spontaneität und Geben sind.

Männer antworteten:

- Liebesbotschaften senden
- Überraschende Rendezvous planen
- Alleinsein einplanen
- Blumen mitbringen
- Albern sein; wie Kinder spielen, tanzen, Tandem fahren
- Die Füße massieren
- Den Fernseher abschalten, sobald die Kinder im Bett sind
- Reden oder etwas gemeinsam tun
- „Ich liebe dich" sagen

Frauen antworteten:

- sich immer mit einem Kuss verabschieden und begrüßen
- einander den Nacken massieren und den Rücken streicheln
- Händchen halten
- einander zublinzeln
- die Kinder früh ins Bett stecken
- nicht nur über die Kinder reden, sondern auch Erwachsenengespräche führen
- ein Mittagsschläfchen halten

Zusammenfassung

Intimität gehört zu jeder Ehe. Kinder erproben und verändern die Bedeutung der Intimität ihrer Eltern genauso, wie sie die Eheversprechen und die wechselseitige Abhängigkeit ihrer Eltern auf die Probe stellen und verändern. Das Ehe-Mobile gerät in einen heftigen Sturm, wenn ein Paar seine nur auf sich ausgerichtete Intimität verliert, wie sie, bevor die Kinder kamen, möglich war. Doch man höre die frohe Botschaft: „Wer seine Intimität neu ausrichtet, erfährt, dass sich seine Ehe festigt und sich die Mühe durch eine anhaltende, tiefe Beziehung auszahlt, die in den folgenden Jahreszeiten ihre Früchte tragen wird."

Mobilmacher Nr. 1: Zum Schmunzeln

Wollen Sie das Maß der Liebe in Ihrer Ehe zum Überlaufen bringen? Dann geben Sie zu, wenn Sie Unrecht haben. Und wenn Sie Recht haben? Dann halten Sie den Mund.

Ogden Nash

Mobilmacher Nr. 2: Rezepte für ein gesundes Liebesleben

Tun Sie sich etwas Gutes

Wollen Sie eine glückliche Ehe führen und ein guter Vater oder eine gute Mutter sein, dann müssen Sie zunächst lernen, mit sich selbst im Einklang zu leben. Darum suchen Sie nach Wegen, wie Sie sich etwas Gutes tun können. Nehmen Sie sich zum Beispiel täglich eine Viertelstunde Zeit, in der Sie zur Ruhe kommen, vielleicht etwas lesen, nachdenken oder etwas tun, was Ihnen Freude bereitet. Schlafen Sie möglichst acht Stunden in der Nacht. Nehmen Sie sich einen

Babysitter und tun Sie hin und wieder ein paar Stunden lang das, was Ihnen gefällt.

Tun Sie Ihrer Ehe etwas Gutes

Denken Sie daran: Sie sind nur Eltern auf Zeit. In etwa 18 Jahren geht normalerweise jedes Kind aus dem Haus. Aber Ihr Partner ist sein ganzes Leben lang bei Ihnen. Was können Sie heute tun, damit Ihre Ehe einen hohen Stellenwert einnimmt? Nennen Sie beispielsweise Ihrem Schatz fünf Gründe, warum sie ihn oder sie lieben. Essen Sie gemeinsam einen Eisbecher, sobald die Kinder im Bett sind. Hinterlassen Sie kleine Notizzettel mit persönlichen Mitteilungen.

Ihre Ehe sollte Ihren Kindern gut tun

Kinder, die in einer glücklichen, intakten, gut funktionierenden Familie mit Eltern aufwachsen, die einander lieben, lernen unbewusst die Rollen, die sie später als Ehepartner und Eltern brauchen. Während Sie auf Ihre Ehe achten, werden Sie zum Vorbild für Ihre Kinder.[27]

Mobilmacher Nr. 3: Gehen Sie mit Ihrem Ehepartner aus

Viele Paare beleben Ihre Intimsphäre neu, indem Sie sich wie zu Beginn ihrer Beziehung miteinander verabreden und ausgehen. Sie halten sich zum Beispiel freitagabends für ein Rendezvous frei. Diese Verabredungen können ganz einfach auch innerhalb der eigenen Wohnung stattfinden, wie zum Beispiel ein gemütliches Abendessen vor dem Kamin, wenn die Kinder im Bett sind. Oder man kann auch regelmäßig ausgehen, falls man einen zuverlässigen Babysitter hat. Nachfolgend beschreiben wir, wie einige Paare ihre Pläne in die Tat umgesetzt haben.

Der Rendezvous-Club

Man kann enge Freundschaften knüpfen, indem man anderen Paaren hilft und gemeinsam einen eigenen Rendezvous-Club gründet.

Folgen Sie dabei den folgenden vier einfachen Schritten:

1. Suchen Sie die Bekanntschaft einiger anderer Paare, die wie Sie mehr gemeinsame Zeit mit ihrem Ehepartner verbringen wollen. Schauen Sie sich nach gleich gesinnten Freunden um – Paare aus der Gemeinde, Arbeitskollegen und Paare aus der Elterngruppe.
2. Wählen Sie einen gemeinsamen Abendtermin für die Gruppe. Einmal wöchentlich, alle vierzehn Tage oder auch einmal im Monat kann schon sehr bereichernd sein.
3. Suchen Sie eine regelmäßige Kinderbetreuung. Das ist vielleicht die schwierigste Aufgabe, aber nichts ist unmöglich. Vielleicht treten Sie an Ihre Kirchengemeinde heran und fragen dort nach einer preiswerten Kinderbetreuung einmal im Monat. Sollten Sie zu einer Elterngruppe gehoren, die während ihrer Treffen eine Kinderbetreuung hat, fragen Sie die Betreuer, ob diese bereit wären, sich für einen Abendtermin zur Verfügung zu stellen. Oder fragen Sie Ihren eigenen Babysitter, ob er zu einer solchen Gruppenbetreuung bereit ist, die dann reihum in den Wohnungen der teilnehmenden Familien stattfinden kann. Geben Sie nicht auf, bis Sie eine für Sie geeignete Lösung gefunden haben.
4. Danach machen Sie es sich mit Ihrem Partner so richtig schön! Und vergessen Sie nicht, auf dem Rückweg Ihre Kinder wieder abzuholen![28]

Mobilmacher Nr. 4: Planen Sie Ihr eigenes Ehe-Wochenende

Für manche Ehepaare ist der einzige Weg, sich wieder einmal ganz nahe zu sein, dass sie ein oder zweimal jährlich eine Nacht oder ein

Wochenende außer Haus verbringen. „Unmöglich!" Finden Sie? Nicht, wenn Sie die Wichtigkeit der gemeinsamen Zeit richtig erkennen und entsprechend planen. Handeln Sie ein Wochenende mit einem anderen Paar aus oder schicken Sie die Kinder zu den Großeltern.

Einige Anregungen

Ein paar Anregungen werden Ihnen helfen, Ihre gemeinsame Zeit mit sinnvollen Gesprächen optimal zu nutzen. Dies sind Gespräche, die Sie gefühlsmäßig liebevoll aufeinander einstimmen, was in der Hektik des Alltags meist zu kurz kommt.

- Klären Sie vorab, ob Sie einige Konfliktthemen ansprechen wollen oder nicht.
- Nehmen Sie sich fest vor, wirklich aufeinander zu hören. Unterbrechen Sie Ihren Partner nicht.
- Stellen Sie im Voraus einige unverfängliche, nicht problembelastete Gesprächsthemen zusammen. Vielleicht sprechen Sie einmal darüber, wie sehr Sie sich beide verändert haben, seitdem Sie Eltern geworden sind. Träumen Sie von Ihrer Zukunft! Achten Sie darauf, dass Sie vor allem über sich reden und nicht nur über Ihr Kind oder Ihre Kinder.

Gesprächseinstieg

Wir haben für Sie einige Ideen zusammengestellt, wie Sie über Ihre Beziehung ins Gespräch kommen können, zum Beispiel wer Sie sind und wer Sie als Ehemann und Ehefrau, als Mutter und Vater werden wollen. Beantworten Sie diese Fragen zunächst selbst und dann versuchen Sie, die Fragen für Ihren Ehepartner zu beantworten. Vergleichen Sie anschließend Ihre Antworten.

- *Selbsteinschätzung:* Ich bin ________________________________
  (tragen Sie jeder zehn Beschreibungen Ihrer Person ein. Die meisten Ehepaare beginnen mit: ein Mann, eine Frau, Ehemann,

Ehefrau. Fügen Sie jedoch einige persönlichere Beschreibungen hinzu wie: sensibel, bestimmend, etc.)

Mein Mann (oder meine Frau) hält mich für ______________________

____

- Prioritäten: Wenn unser Haus plötzlich in Brand geraten würde, würde ich zuerst nach ______________________ greifen.

  Wenn ich nur noch sechs Wochen zu leben hätte, würde ich

  ____

- *Träume und Ziele:* Wenn ich in fünf Jahren eine Abfindung bekommen würde, würde ich das Geld für ______________________ ____ anlegen.

  Meine schönsten Ferien wären ______________________

  ____

- *Beziehung:* Ich fühle mich von dir am meisten geliebt, wenn du

  ____

  Ich wäre ein besserer Ehemann (eine bessere Ehefrau), wenn

  ____

  Ich liebe dich, weil ______________________

  ____

  ____

  Hoffentlich wird diese Antwort besonders lang!

Mobilmacher Nr. 5: Konfliktlösungen schaffen

Konflikte sind in einer Ehe unvermeidlich. Darum denken Sie schon vorher darüber nach, wie Sie und Ihr Partner Ihre unvermeidlichen Konflikte lösen wollen. Damit haben Sie einen Wegweiser in der Hand, sollte es zu einem Zusammenstoß kommen. Ohne Wegweiser könnten Sie leicht die Flucht ergreifen und den Konflikt gären lassen. Oder der Konflikt könnte eskalieren und sich in ärgerlichen Äußerungen und negativer Kritik entladen, die man nicht mehr zurücknehmen kann. Folgende Wegweiser wollen Ihnen helfen:

- *Betrachten Sie die Ehe als ein Wir-Unternehmen.* Ihre Beziehung schrumpft, wenn es sich immer nur um zwei *Ichs* dreht. „Was ist für *uns* das Beste?“, ist die richtige Überlegung und nicht: „Was ist für *mich* das Beste?“
- *Legen Sie den Konflikt so schnell wie möglich bei.* Ein Konflikt, der sich in die Länge zieht, wird gefährlich. Bringen Sie die Sache auf den Tisch! Sprechen Sie jetzt und gleich alle wichtigen Fakten und Gefühle an.
- *Bleiben Sie bei der Sache.* Verwandeln Sie eine Meinungsverschiedenheit nicht in einen Konkurrenzkampf, indem Sie unrealistisch alte Geschichten wieder aufwärmen. Lösen Sie immer nur ein Problem.
- *Schüchtern Sie den anderen nicht ein.* Versuchen Sie nie, durch eine dominante Körperhaltung, durch Ihre laute Stimme, durch Drohen mit Konsequenzen oder durch ein emotionales Donnerwetter im Eifer des Gefechts den anderen einzuschüchtern. Das ist zerstörerisch.
- *Nennen Sie keine Namen.* Halten Sie sofort den Mund und verletzen Sie Ihren Partner nicht weiter, wenn Sie ihn gerade ärgerlich herabsetzen und klein machen wollen. Entschuldigen Sie sich später dafür.
- *Hören Sie erneut aufmerksam zu.* Versetzen Sie sich in die Lage Ihres Partners. Hören Sie aufmerksam hin. Beachten Sie seine guten Seiten, anstatt selbst zu reden und Ihre Position zu verteidigen.
- *Geben und Nehmen in die Tat umsetzen.* Erst wenn Sie beide regelmäßig und großzügig Kompromisse schließen, werden Sie die Vorteile erkennen.
- *Feiern Sie jeden Sieg!* Mit jedem gelösten Konflikt und sei er noch so klein, haben Sie Ihre Ehe verbessert. Das muss gefeiert werden![29]

Mobilmacher Nr. 6: Eine gute sexuelle Beziehung

Zur Intimität gehören viele Bereiche, in denen man sich sehr nahe kommt und die schließlich zu einer guten sexuellen Beziehung führen. Im Folgenden finden Sie einige Tipps, wie Sie Ihre Freude an der Sexualität steigern können.

Vermeiden Sie Sex-Killer!

- Müdigkeit
- Unrealistische Erwartungen
- Vergleiche
- Kritik
- Unflexibilität
- Sex als Belohnung oder Bestrafung
- Unaufrichtigkeit und Vortäuschung

Zehn entscheidende Faktoren für eine beglückende Sexualität

Dr. Clifford und Joyce Penner haben sich auf das Thema *Sexualität in der Ehe* spezialisiert. Auf die Frage: „Wie hoch ist der Prozentsatz der Paare, die eine gemeinsame sexuelle Befriedigung in der Ehe erreichen können?“, lautet ihre Antwort: „Hundert Prozent!“

Und auf die weitere Frage: „Wie viele Paare erreichen diese gemeinsame Befriedigung, ohne daran groß zu arbeiten?“, antworteten die Experten: „Etwa ein Drittel.“ Hier folgen ihre Vorschläge, wie man eine sexuelle Einheit erreichen kann, die beide Partner beglückt:

1. *Der Mann spielt die wichtigere Rolle, wenn es um die Verbesserung der sexuellen Befriedigung geht.* Selbst wenn die Frau eine lebendige sexuelle Beziehung behindert, ändert sich das sexuelle Verhalten in einer Ehe dramatisch, wenn der Mann etwas ändert. Die größere Verantwortung für die Verbesserung der sexuellen

Beziehung liegt beim Mann, auch wenn es so schön heißt, dass zu einem guten Tango immer zwei gehören.

2. *Der Mann muss den Bedürfnissen seiner Frau entgegenkommen.* Er sollte sich der geistigen und emotionalen Bedürfnisse seiner Frau so weit wie möglich bewusst werden. Inwieweit ihm das gelingt, hängt davon ab, wie gut er zuhören kann.

3. *Die Frau muss lernen, wie man nimmt.* Sie sollte aufmerksam auf ihren Körper hören und herausfinden, was ihre Wünsche befriedigen könnte. Obwohl Frauen typgemäß stets bemüht sind, ihren Männern zu gefallen, sollten sie den Wunsch haben, ebenfalls Lust zu empfinden.

4. *Die Frau muss sich frei fühlen, damit sie eigene sexuelle Erfahrungen machen kann.* Im Alten Testament gibt es im Hohenlied der Liebe eine Passage, wo der Dichter in drei Schritten zum sexuellen Höhepunkt kommt. Zunächst bestätigt der Bräutigam seine Braut. Er spricht frei und offen über ihre Keuschheit und Schönheit. Danach übernimmt die Frau die Führung. Sie macht in ihrem Tempo weiter und sie lässt den Mann ihre Gedanken und Wünsche wissen. Und wie reagiert der Mann? Er hört aufmerksam zu, was die Frau sagt und handelt daraufhin ganz nach ihren Wünschen.

5. *Der Mann muss ganz langsam vorgehen.* Mit anderen Worten: Der Mann muss runterschalten.

6. *Der Mann muss flexibel bleiben ohne vorzugeben, wie es nach seinen Vorstellungen weitergehen soll.* Sein „Steuerungssystem" sollte seine Frau sein. Viele Männer haben eine feste Zielvorstellung, der sie folgen möchten. Doch das geht fast immer daneben, weil die sexuellen Wünsche, Bedürfnisse und Erwiderungen einer Frau jedes Mal anders sind und sich nicht von einem auf das andere Mal übertragen lassen.

7. *Mann und Frau müssen beide dem sexuellen Ablauf lustvoll folgen können – es geht um die Freude und nicht um das Resultat.* Es geht darum, durch Sexualität in der Ehe die Nähe zum Partner zu fördern. Falls ein Partner seinen Höhepunkt nicht erreicht, ist das kein Fehler und sollte zu keiner großen Enttäuschung führen.

8. *Sollte ein Partner Opfer von sexuellem Missbrauch in seiner Kindheit gewesen sein, muss er von seinem Trauma geheilt werden.* Opfer von Missbrauch bringen in ihre Ehe häufig emotionale Wunden mit, die sie hindern, sich frei und uneingeschränkt sexuell zu äußern. Die meisten Heilungsprozesse in diesem Bereich erfordern professionelle Hilfe, wobei der Missbrauch aufgearbeitet wird, die erlittenen Verluste abgetrauert werden können und ein Gefühl für Ganzheit wiedergewonnen wird.

9. *Die gemeinsame Befriedigung wird von jeder sexuellen Erfahrung erwartet.* Die Frau muss in der Lage sein, einen Orgasmus zuzulassen, wenn sie es will. Der grundlegende Wunsch nach Befriedigung ist jedoch ein tiefes Verlangen nach zwischenmenschlicher Nähe und Wärme.

10. *Es ist unbedingt notwendig, dass beide Partner wissen, wie der Körper sexuell reagiert.* Lachen Sie nicht! Die meisten Menschen gehen mit vielen falschen Vorstellungen in ihre Ehe! Eine sorgfältige Aufklärung bewahrt vor unvernünftigen Erwartungen und schützt Paare vor Desillusionierung und Enttäuschungen, die aus unrealistischen Wunschvorstellungen und Bedürfnissen stammen.[30]

Eine Frau entscheidet beim Sex mit ihrem Ja oder Nein

Wenn Sie Nein sagen dürfen, haben Sie auch die Freiheit, Ja zu sagen, selbst wenn Sie nicht in der richtigen Stimmung sind. Sie haben sich dafür entschieden, eine uneigennützige Wahl zu treffen und werten damit die Bedürfnisse Ihres Mannes zu jeder Tages- und

Nachtzeit stärker als Ihre eigenen. Sie haben sich für das Privileg entschieden, einem Menschen, den Sie lieben, ein kleines Opfer zu bringen. Die besten Ehen leben tatsächlich von diesen herrlichen Augenblicken, wo ein Partner sich für den anderen selbst überwindet!!

Darum

- sag Ja, wenn du lieben willst.
- sag Ja, wenn du nicht unbedingt in Stimmung bist, aber weißt, dass es dir Freude macht, deinem Mann diesen Wunsch zu erfüllen.
- sag später, wenn du dich im Moment eingeengt fühlst oder ärgerlich bist.[31]

Mobilmacher Nr. 7: Bringen Sie Ihren Kindern bei, dass sie Ihre Ehe respektieren

- *Schaffen Sie sich Ihre Privatsphäre.* Es ist wirklich nicht leicht, für sich einen Privatbereich im eigenen Haus zu finden. Wir denken bei „Privatbereich" tatsächlich an einen Raum – sei es das Schlafzimmer, das Arbeitszimmer oder auch das Badezimmer. Hier dürfen Kinder nicht ohne Erlaubnis hinein. Auf diese Weise sichern Sie sich Ihren Privatbereich, wo Sie allein sein und sich lieben können. Er dient als Zufluchtsort, wo Sie sich einmal von dem Familienchaos und den an Sie gestellten Ansprüchen zurückziehen können.
- *Pflegen Sie Ihre eigenen Zeiten.* Wir schlagen zwei Zeiten vor: Die *Zeit für Erwachsene*, das heißt, die Kinder sind um Sie herum, aber Sie beschäftigen sich nicht mit ihnen. Und die *Zeit zum Alleinsein*, wenn die Kinder schlafen oder sich in ihren Zimmern anderweitig beschäftigen und Sie sich ganz auf Ihren Partner konzentrieren können.
- *Gehen Sie herzlich miteinander um.* Die Kinder brauchen es, dass

sie erkennen können: Die Beziehung zwischen Vater und Mutter ist in Ordnung und ist nicht von uns abhängig. Der Grad der Herzlichkeit wird von Paar zu Paar verschieden sein. Aber denken Sie immer daran, es tut Ihren Kindern gut, wenn sie liebevolle Bemerkungen mitbekommen und sehen, wie Sie Händchen halten, sich küssen oder auf der Couch schmusen.

- *Pflegen Sie Freundschaften mit anderen Erwachsenen.* Durch Ihren Umgang mit anderen Erwachsenen zeigen Sie Ihren Kindern andere Ehen und Freundschaften unter Erwachsenen, die den häuslichen Rahmen überschreiten. Die Kinder werden beobachten, dass Sie nicht die einzigen Erwachsenen auf der Welt sind, die Händchen halten oder schmusen. Dadurch werden Sie für Ihre Kinder *ganz normal* und weniger unheimlich.[32]

Mobilmacher Nr. 8: Geschenke für Ihre Ehe

Solange Kinder im Haus sind, ist es immer wieder eine Herausforderung, in der Hektik des Alltags schöpferische und sinnvolle Wege zu finden, Ihre Liebe zu vertiefen. Legen Sie eine Pause ein und denken Sie einmal besonders darüber nach, welche Geschenke Sie Ihrer Ehe machen können. In den meisten Fällen sind es Geschenke, die nichts kosten und trotzdem wertvoll sind.

- *Das Geschenk der Gemeinsamkeit*: Ich bin bereit, etwas mit meinem Partner gemeinsam zu machen, auch wenn ich dafür neue Dinge lernen oder etwas von meiner Zeit opfern muss.
- *Das Geschenk des Nachgebens*: Ich möchte zugeben lernen, dass ich nicht immer Recht habe und dass ich mich in einigen Bereichen ändern muss.
- *Das Geschenk von Zeit*: Zeit um allein zu sein. Zeit für Freundinnen und Freunde. Zeit zum Schlafen.
- *Das Geschenk der Akzeptanz*: Annehmen, wer ich bin und wer ich durch Veränderung und Reife werde.

- *Das Geschenk der Ermutigung*: Ich verspreche meinem Partner, ihm dabei zu helfen, das zu werden, was Gott in ihm angelegt hat.
- *Das Geschenk der Vergebung*: Ich will meinem Partner vergeben, über die Sache hinwegzukommen und werde weitermachen wie zuvor.
- *Das Geschenk der Flexibilität*: Ich möchte für neue Dinge und Wege offen sein.
- *Das Geschenk des Lachens*: Ich verspreche, fröhlich zu sein, Spaß zu machen und mit meinem Partner zu spielen.
- *Das Geschenk der gemeinsamen Zukunft*: Ich hoffe, dass wir unsere Zukunft weiterhin gemeinsam erträumen und planen können.

Mobilmacher Nr. 9: Das Beispiel der nicht zu überbietenden Intimität

Vielleicht ist diese *nicht zu überbietende* Intimität zwischen Menschen gar nicht zu erreichen. Nur Jesus kann uns diese bedingungslose Liebe anbieten. Wenn wir die Liebe Jesu kennen, können wir einander vollkommener lieben. Hier ein Beispiel für sein Angebot:

> *Du kannst sein, wer du willst, kannst alle deine Gedanken und Gefühle ganz vertrauensvoll ausdrücken. Du brauchst keine Angst zu haben, dass ich dir meine Liebe entziehe. Deine Offenheit und Ehrlichkeit wird dir nicht schaden. Du brauchst für meine Liebe nichts zu bezahlen, keine Gebühren entrichten oder Ratenzahlungen leisten. An manchen Tagen kann durch Missverständnisse Verwirrung zwischen uns entstehen. Es kann Zeiten geben, wo Meilen zwischen uns zu liegen scheinen. Aber ich habe dir mein Versprechen gegeben. Ich habe mein Leben für dich eingesetzt. Ich will nicht mehr hinter mein Wort zurück, das ich dir gegeben habe. Darum sei frei, du selbst zu sein, mir deine negativen und positiven Reaktionen zu erzählen, mir deine herzlichen und kalten Gefühle zu zeigen. Ich kann dir nicht immer meine Reaktionen im Voraus*

sagen oder dir meine Stärke garantieren. Doch eines weiß ich und das sollst du wissen: Ich werde dich nicht zurückstoßen! Ich habe mich zu deinem Wachstum und deinem Glück verpflichtet. Ich werde dich immer lieben.

Fragen zur gemeinsamen Diskussion

- Was bedeutet für uns Intimität?
- Wie hat sich unser Intimitätsbereich verändert, seitdem wir Kinder haben?
- Wo liegt der Unterschied zwischen Intimität und Romantik?
- Was sind die größten Stressfaktoren in unserer Beziehung?
- Was können wir dagegen tun?
- Wie gut verstehen wir einander? Gibt es Beispiele, wo wir uns in der vergangen Woche verstanden und missverstanden gefühlt haben?
- Wo streiten wir unfair? Wie können wir einander helfen, fair zu kämpfen?
- Sprechen wir gern über Sex und warum?
- Wie können wir offener miteinander umgehen?
- Welche Idee können wir von Mobilmacher Nr. 6 übernehmen, damit unsere Sexualität intimer wird?
- Wie können wir als Ehepaar romantisch bleiben?

Ziele
Die Aufgabe der Familie überdenken

Was macht unsere Familie zur Familie?

John lehnte sich auf seinem Fahrersitz zurück und verlangsamte die Geschwindigkeit seines Wagens, während er sich in den Verkehr einordnete. „Das war ein schönes Wochenende, findest du nicht auch?“, wandte er sich an seine Frau Rachel, die neben ihm auf dem Beifahrersitz saß.

„Ja, Liebling, es war sehr schön. Das ganze Thanksgiving-Fest war einmalig. Der Truthahn und das viele Essen! Ich weiß nicht, wie deine Mutter das immer alles schafft. Und deine Schwester ist auch zu bewundern mit ihren drei Kindern. Wie geduldig sie ist!“

Hinter ihnen schlief die zweijährige Meagan in ihrem Kindersitz. Zu Hause wollte sie keinen Mittagsschlaf mehr machen, aber im Auto schlief sie regelmäßig ein. Gott sei Dank!

In den vergangenen Tagen machte Rachel irgendetwas zu schaffen. Vielleicht war es die erneute Schwangerschaft und die Tatsache, dass sie in einigen Wochen zu viert sein würden. In letzter Zeit hatte sie viel darüber nachgedacht, dass einige Familien stärker sind als andere! Johns Eltern führten offensichtlich eine sehr *solide* Ehe und hatten einen starken Familiensinn. Sie übernahmen füreinander Verantwortung und regelmäßige Familientreffen bedeuteten ihnen sehr viel. Und auch Johns Bruder, der noch Student war, und seine vernünftige große Schwester sowie ihr Mann trugen sehr zur heimischen Geborgenheit bei, da sie selbst als Erwachsene immer noch gern nach Hause kamen. Rachel würde gerne diesen Zusammenhalt auf ihre kleine Familie übertragen. Aber wie sollte sie das anstellen? In ein paar Wochen würden sie und John zum ersten Mal mit ihrer Tochter Weihnachten allein feiern. Ihre eigene Familie existierte praktisch nicht und seine Familie wollte die Feiertage bei Johns Schwester verbringen, die etwa 800 Kilometer entfernt wohnte. Rachel fürchtete sich bei dem Gedanken. Wie sollte sie mit allen Weihnachtsvorbereitungen allein fertig werden, zumal sie auch noch arbeiten musste!

John war nicht besonders begeistert von ihrer Arbeit. Doch sie wussten, dass sie von einem Einkommen allein nicht leben konnten. Einige Gedanken kreisten in ihrem Kopf herum: *Wie viel wollen wir für Meagans Geschenke ausgeben? Welches Spielzeug soll sie bekommen? Wie wollen wir das Weihnachtsfest feiern? Was wird John zu Weihnachten von mir erwarten, zumal in seiner Familie alles so perfekt läuft?*

Rachel wandte sich an ihren Mann und versuchte ihre Gedanken zu formulieren. John hörte ihr zu und tat ihre Bedenken mit seinem üblichen unbekümmerten Kommentar ab: „Mach dir keine Sorgen, Rachel. Das wird schon werden."

Er war selbst erstaunt, wie oberflächlich seine Antwort klang. Er und Rachel waren sich nicht einig gewesen, wo Meagan im Haus seiner Eltern schlafen sollte. Rachel hatte gedacht, das Kind würde bei ihnen schlafen, weil es in einer fremden Umgebung war. Aber John fand, sie sollten Meagan strikter und mutiger an eine neue Umgebung gewöhnen. Seine Mutter hatte ihre eigene Meinung dazu und auch keine Hemmungen, sie zu äußern, was Rachel wiederum genervt hatte. Während ihm das wieder in den Sinn kam, wurden für ihn die Themen Erziehung und Beziehung zu den Eltern wichtiger als Feste, Traditionen und Weihnachtsgeschenke für Meagan.

„Vielleicht sollten wir doch über diese Dinge reden, Rachel. Wir haben noch einige Stunden Fahrt vor uns und Megan schläft." Als John und Rachel zwei Stunden später vor ihrer Wohnung anhielten, stellten sie fest, dass sie sich nur wenig durch den Dschungel der Familiengeschichten hindurchgekämpft hatten. Bei einigen Themen waren sie in Verteidigungsstellung gegangen, zum Beispiel waren sie in Bezug auf Geld und Rachels Arbeit unterschiedlicher Meinung. Zu Erziehungsfragen und Prioritäten hatten sie in einigen Punkten übereingestimmt. Über das Weihnachtsfest und Weihnachtsgeschenke hatten sie noch gar nicht gesprochen. Zu Hause angekommen, luden sie das Auto aus und trugen den Babykram und Taschen mit Essensresten in die Küche.

Die eigentliche Frage: „Was macht unsere Familie zur Familie?“, blieb schließlich völlig unbeantwortet.

Was macht Ihre Familie zu einer Familie?

Der Begriff „Familie“ ist von Generation zu Generation neu definiert worden. Oft wurde die Familie in die kulturellen Normen ihrer Zeit gezwängt. Manchmal wird sie als *Bindung* verstanden, manchmal als Funktions- und Zweckgemeinschaft gesehen. Am besten lässt sie sich durch ein Familienalbum darstellen, das oft mehr aussagt als viele Worte.

Mit unseren Kindern haben wir eine wichtige Aufgabe übernommen,
was uns ein stärkeres Zusammengehörigkeitsgefühl und Sinnerfüllung gibt.

***

Inzwischen sind wir eine Familie geworden,
aus deren Wurzeln wieder Ableger treiben.

***

Ehe ist Partnerschaft; als Eltern sind wir ein Team
mit gemeinsamer Zielrichtung geworden.

Die Familie wird weit verbreitet als die beständigste und grundlegendste Einheit innerhalb der Gesellschaft angesehen. Im Idealfall ist sie ein sicherer Ort, wo Menschen aufwachsen können und wo Werte vermittelt werden. Hier sollen die Familienmitglieder Geborgenheit erfahren. In seinem Buch *Is There a Family in the House?* (Gibt es eine Familie in diesem Haus?) beschreibt Kenneth Chafin Familie als eine ausgewogene Umgebung, die Gott bestimmt hat, damit in ihr Menschen heranwachsen können.[1] Die von ihm beschriebene Ausgewogenheit richtet sich nach dem, wie in der Familie gelebt wird, wie die Rollen verteilt sind, welchen Stellenwert Freiheit und

Verantwortung, Liebe und Treue und harte Arbeit haben. Neil Clark Warren gibt in seinem Buch *Forever My Love* (Für immer und ewig) eine weitere Definition:

> *Wenn Mann und Frau sich lieben und aus dieser Liebe eine große Achtung vor den Kindern besteht, die aus Liebe geboren sind, wächst eine Familie heran, in der man sich im hohen Maße aufeinander verlassen kann. Wo Zusammengehörigkeit in einer sicheren Atmosphäre wächst, sorgen die vielen Schattierungen der Liebe fast immer für eine überwältigend schöne menschliche Struktur. Diese Struktur nennt man Familie.*[2]

Kinder bereichern die Familie

Eine Familie besteht aus Beziehungen, die durch gemeinsame Ziele verbunden sind. Und durch jedes Kind, das hinzukommt, werden neue Beziehungen geschaffen. Im Kontext dieser neuen Beziehungen verändern und fördern Kinder die Identifikation dieser Zweckgemeinschaft. Ein Beispiel dafür sind John und Rachel, die mit ihrer kleinen Meagan ihr erstes Weihnachtsfest als Familie feiern wollten. Kinder vertiefen die Verbindlichkeit und wechselseitige Abhängigkeit der Beziehungen in der Familie.

Kinder geben der Familie eine neue Blickrichtung

Eltern müssen durch ihre Kinder notgedrungen darüber nachdenken, was ihnen wichtig ist und was sie an ihre Kinder weitergeben

> Das Schwierigste für uns war,
> dass wir unsere neuen Rollen als Eltern lernen mussten.
>
> ***
>
> Als Eltern haben wir festgestellt, dass unsere Kinder nicht nur über unsere Stärken, sondern auch über unsere Schwächen nachdenken.

wollen. Als kinderlosem Ehepaar waren Mann und Frau vielleicht vor allem Freiheit und Spontaneität wichtig. Mit Kindern jedoch beginnt man über die tiefere Bedeutung des Lebens nachzudenken – wofür man sich einsetzen will und was man der Nachwelt hinterlassen möchte.

Kinder verlangen außerdem, dass wir unseren Werten treu bleiben. Kinder zwingen uns dazu, dass wir mehr auf uns, unsere Ehe und unsere Welt achten. Sie motivieren uns, uns mit den Werten, die uns wichtig sind, zu identifizieren. Sie zwingen uns zu tun, was wir sagen, denn sie beobachten uns ständig, ahmen uns nach und bewerten, was wir reden und tun.

Eine Familie braucht eine Aufgabe

Familien können in den Tag hinein leben und alles nehmen wie es kommt oder sie können ein Ziel anstreben. Die meisten von uns bemerken gar nicht, welche Formen unsere Familien annehmen und welche Richtungen sie einschlagen, bis wir einmal innehalten, zurückschauen und objektiv betrachten, was wir mitgestalten. Die meisten Familien müssen motiviert werden, sich einmal Zeit zu nehmen und sich zu fragen, was ihnen wichtig ist und wie sie ihre Werte umsetzen können. Für John und Rachel ergab sich die Motivation aus der bevorstehenden Geburt des zweiten Kindes und der Überlegung, ihr erstes Weihnachtsfest allein ohne Eltern und Geschwister zu gestalten.

Eine Familie, die nicht von einer Zielrichtung bestimmt ist, wird willkürlich geformt und ihr Ehe-Mobile schwingt unausgeglichen hin und her. Darum braucht jede Familie eine Aufgabe. „Ohne Ziel kein Erfolg" gilt für die Familie wie für jedes andere Unternehmen. Ein Ziel hilft uns, auf etwas bewusst zuzusteuern. Es muss nicht unbedingt schriftlich festgelegt sein. Wichtig ist nur, dass die Aufgabe bekannt ist und von allen Familienmitgliedern verstanden wird.

Zwei wesentliche Dinge gehören zur Zielsetzung einer Familie: Es muss erstens deutlich werden, *warum die Familie existiert.* Die Aufgabe, die eine Familie erfüllt, ist die Antwort auf die Frage: Was unterscheidet uns als Familie deutlich von willkürlich zusammenlebenden Menschen? Und zweitens ergibt sich bei einer Familie durch ihren Auftrag *ein Erbe*. Was wollen wir unseren Kinder und ihrer Welt als Familie hinterlassen? Die Antwort ergibt sich aus den Zielen, die Sie für Ihre Familie festlegen und aus den Werten, die Ihnen für Ihre Familie wichtig sind.

Familienwerte

Um herauszufinden, was Ihre Familie zur Familie macht, sollten Sie noch einmal eingehend Ihre Ehe betrachten. Welche Werte, welche Ziele streben Sie an? Was macht Ihre Ehe stabil? Mit anderen Worten: Definieren Sie die Bedeutung Ihrer Familie, indem Sie die Werte für Ihre Ehe überdenken. Was ist Ihnen als Ehepaar wichtig? Wofür setzen Sie sich leidenschaftlich ein? Wonach streben Sie gemeinsam?

Es ist schwierig, in dieser Zeit, in der wir als Eltern so beansprucht sind, unsere Verantwortung und unsere Erwartungen zu formulieren.

***

Es war sehr schwierig für uns, ein Ja zur Erziehung und ihren besten Methoden zu finden, die zu einem Lebensziel führen.

***

Wir mussten uns für Prioritäten in unserer Familie entscheiden und überlegen, wie wir zusammenarbeiten wollten, um die Probleme, die wir selbst als Kind erlebt haben, zu vermeiden.

„Das Leben hat uns gelehrt, dass Liebe nicht darin besteht, einander tief in die Augen zu schauen, sondern gemeinsam in dieselbe Richtung zu blicken", schreibt Antoine de Saint Exupery.[3]

Der Manager-Guru Stephen Covey schlägt Familien und jedem Einzelnen vor, sich ein Ziel zu setzen und dieses Endziel vom ersten Tag an fest im Blick zu behalten. Das heißt: „Starten Sie mit einer klaren Vorstellung Ihres Bestimmungsortes. Mit anderen Worten: Sie müssen wissen, wohin Sie gehen. Nur so können Sie erkennen, wo

Sie im Augenblick stehen, und nur so kann jeder Schritt, den Sie tun, Sie in die richtige Richtung führen."[4]

Darum fragen Sie sich ruhig einmal: Wie soll meine Familie in fünf Jahren aussehen? In zehn Jahren? Blicken Sie auch darüber hinaus und fragen Sie weiter: Was werden meine Kinder in 20 Jahren der Welt als Erbe unserer Familie zu bieten haben, wenn sie erwachsen sind und ihr Leben selbst gestalten? Was erhoffe ich mir von meinem Kind, wenn es erwachsen ist? Fangen Sie mit dem Endziel in Ihrem Kopf an und stellen Sie sich das Endergebnis vor. Mit solchen und ähnlichen Vorstellungen können wir unsere Werte definieren und für uns klären, was unsere Familie zu einer Familie machen soll.

Henry Nouwen macht uns Mut und bestätigt den Wert der Zielsetzung: „Ohne ein klares Ziel vor Augen", sagt er, „werden wir in vielen Aufgaben und Verpflichtungen, die uns zu schaffen machen, fragwürdig. Ohne Ziel fühlen wir uns ausgelaugt und nutzlos."[5]

Ihr Auftrag als Familie ergibt sich aus den Schwerpunkten, die Sie gemeinsam in einigen wichtigen Bereichen setzen. Wir wollen uns nun im Folgenden einen Bereich nach dem anderen anschauen.

Ehe

Achten Sie darauf, welchen Stellenwert die Ehe in einer Familie mit Kindern hat. Wie kann eine gute Ehe auch in Zeitnot und Stress Bestand haben? Neil Clark Warren schreibt dazu: „Zeige mir einen Mann und eine Frau mit Kindern und ich werde dir einen Mann und eine Frau zeigen, die mehr denn je etwas für ihre Ehe tun müssen." Weiter erklärt Warren: „Eine gute Ehebeziehung braucht viel Zeit füreinander. Es gehört immer eine Menge Energie dazu, sich die

Ehe bedeutet gemeinsame Ziele zu haben und einen Menschen an seiner Seite zu wissen, mit dem man arbeiten, spielen, ausruhen und sich erholen kann.

***

Meine Vorstellung von „sauber" ist in der Vorstellung meiner Frau „schmutzig".

nicht vorhandene Zeit für das Zusammensein mit dem Partner zu beschaffen. Doch nur so kann Liebe zwischen zwei Menschen wachsen und gedeihen."

Er fasst zusammen: „Eine gute Ehe schafft optimale Bedingungen zum Wohl des Kindes. Und das Wohlbefinden des Kindes trägt wiederum zu einer glücklichen Ehe bei. Die beste Voraussetzung für eine gesunde Familie ist also eine gesunde Ehe."[6] Wenn Sie Ziele und Werte für Ihre Familie festlegen, beachten Sie bitte, was die Liebe zu Ihrem Partner ausmacht. Dazu sollten auf jeden Fall Achtung, Ermutigung, Freundlichkeit, Geduld und Bescheidenheit gehören. Und das sind dann auch meist dieselben Werte, die Sie an Ihre Kinder weitergeben möchten. Auf diese Weise werden sie ein Teil Ihres Erziehungsauftrags.

Kindererziehung

Erziehung gehört zu den wichtigsten Aufgaben, die uns gestellt werden. Die Fülle der Erziehungsmuster und Erziehungsstile dient jedoch leider vor allem dazu, jedes harmonische Ehe-Mobile völlig aus dem Gleichgewicht zu bringen. Denken Sie zum Beispiel an einen Vater, der in einer großzügigen Umgebung aufgewachsen ist, in der er durch das Prinzip von Ursache und Wirkung auf natürliche Weise seine Grenzen kennen gelernt hat. Und kombinieren Sie ihn mit einer Ehefrau, die nahezu militärisch erzogen wurde und jeden elterlichen Befehl mit „Ja, Mutter" und „Nein, Herr Vater" beantworten musste. Das Ergebnis sind verwirrende Wertvorstellungen. Nicht alle Paare haben einen so gegensätzlichen Hintergrund, aber nichtsdestotrotz bringt jeder Partner seine eigenen Erfahrungen und Perspektiven in die gemeinsame Erziehung der

Wir versuchen offen über unsere Erwartungen zu sprechen, besonders wenn es sich um die Versorgung unseres Babys handelt.

***

Wir brauchen Standfestigkeit im Umgang mit unseren Kindern.

Kinder hinein. Es ist nicht leicht für ein Ehepaar, bis sich die unterschiedlichen Erziehungsvorstellungen zu einem gemeinsamen Auftrag verschmelzen, aber die Mühe lohnt sich. „Ich ermutige Eltern, dass sie erkennen, was für eine lebenswichtige Rolle die gemeinsame Kindererziehung in ihrem Leben spielen kann“, schreibt Neil Clark Warren in seinem Buch *Traumehe*. „Wenn Sie die Aufgabe für sich als Vater und Mutter annehmen, wenn Sie erkennen, was für ein Privileg Ihre gegenseitige Ergänzung ist, wenn Sie feststellen, dass die Führung heranwachsender Kinder ein lohnenswertes Lebensziel ist, gehen Sie auf etwas Wunderschönes zu.“[7]

Beachten Sie bei der Festlegung der Ziele für Ihre Familie eine grundlegende Frage: Was wollen Sie mit Ihrer Erziehung erreichen? Sobald Sie diese Frage geklärt haben, kann man sich mit den täglichen Schritten auf dieses Ziel hin befassen.

Die Therapeuten Henry Cloud und John Townsend zum Beispiel nennen als ein Erziehungsziel, Kinder mit Charakter, die erfolgreiche erwachsene Menschen werden wollen. Mit diesem Ziel vor Augen möchten Eltern ...

... die Liebe zu ihrem Ehepartner gestalten, die später an eine nachfolgende Generation weitergegeben werden kann;
... ihre Werte an andere weitergeben;
... eine warmherzige und fürsorgliche Familienbindung schaffen;
... Spaß mit ihren Kindern haben;
... etwas zum Wohl der Welt beitragen.[8]

Sie als Eltern mögen vielleicht andere Ziele haben. Sollte es für Sie schwierig werden, Ihre Ziele zu definieren, sollten Sie zunächst etwas Abstand von Ihren täglichen Erziehungsaufgaben nehmen und sich folgende Fragen stellen: Was möchten Sie im Leben Ihres Kindes erreicht haben, wenn es ein Teenager ist? Welche Qualitäten sollte Ihr Kind als erwachsener Mensch haben? Ihre Antworten werden Ihnen dabei helfen, Ihre Ziele zu erkennen.

Traditionen

Traditionen halten eine Familie zusammen. Sie geben ein Gefühl der Wiederkehr und Sicherheit, das aus dem, was wir immer wieder tun erwächst. James Dobson schreibt dazu: „Der besondere Wert von Traditionen besteht darin, dass sie einer Familie ein Gefühl der Identität geben, das Gespür, dazuzugehören. Ein Gefühl, dass wir nicht nur eine Ansammlung von Menschen sind, die zusammen in einem Haus leben, sondern dass wir eine Familie sind, die sich ihrer Einmaligkeit, ihrer Persönlichkeit, ihres Charakters und ihres Erbes bewusst ist. Und diese besondere Beziehung innerhalb der Familie, die durch Liebe und Kameradschaft geprägt ist, macht aus uns eine Einheit, die eine Identität hat, ja, die, wie ich immer sage, uns als Familie Persönlichkeit verleiht."[9]

Wir haben beschlossen, in unseren Tagesplan in regelmäßigen Abständen Spiel und Spaß einzubeziehen.

Eine Familie setzt Traditionen fort, die auf ihren Werten beruhen. Manche dieser Werte sind von einer Generation auf die andere übergegangen und die Kombination der Traditionen beider Familien festigen schließlich die neue Familie. Mutter und Vater kombinieren die Art und Weise, wie sie als Kind Weihnachten gefeiert haben. Sie entscheiden darüber, ob man die Geschenke am Heiligabend öffnet (wie die Mutter es aus ihrer Kindheit kennt) oder erst am Weihnachtsmorgen (wie der Vater es aus seiner Kindheit kennt). Ein möglicher aus diesen Varianten entstehender Kompromiss kann dann die traditionellen Werte der jungen Familie erweitern, wie in diesem Fall das Öffnen der Geschenke am Weihnachtsmorgen, nachdem der Heilige Abend vorrangig als Fest zu Ehren von Jesu Geburt gestaltet wurde.

Wählen Sie Traditionen, Rituale und Feste aus, die für Ihre Familie und Persönlichkeit wertvoll sind. Wie wäre es mit Waffeln zum Sonntagsfrühstück? Ein Geburtstagsmorgen, der die Einmaligkeit eines jeden Geburtstagskindes herausstellt? Ein Familienfest an einem bestimmten Termin im Sommer? Mut machende Sprüche und Bibelverse an der Kühlschranktür? Das Dankgebet vor dem Essen? Ein humorvolles Familienfoto auf der jährlichen Weihnachtskarte? Suchen Sie etwas aus, was zu Ihrer Familie passt und sie einmalig sein lässt. Halten Sie so lange wie möglich daran fest.

Arbeit

Heute gibt es nicht nur *einen* richtigen Weg für eine junge Familie, denn wir sind von vielen verschiedenen Modellen umgeben. Es gibt Familien mit zwei Karriere-Menschen. Es gibt Mütter, die zu Hause bleiben. Es gibt Hausmänner. Es gibt Teilzeit für Mann und Frau ...

Mein Mann ist so sehr in seiner Arbeit vertieft,
dass er mich nicht einmal wahrnimmt.

***

Wir müssen uns einig werden, ob ich weiterarbeiten soll oder nicht.
Es fällt mir schwer, meine Arbeit aufzugeben.

Die Optionen sind umwerfend. Und doch gilt es ein paar Grundsätze zu beachten, wenn man sich für eine Familie und die damit unweigerlich verbundene Arbeit entscheidet.

Kinder brauchen ihre Eltern. Forschungen haben ergeben, dass bis zum dritten Lebensjahr die Umgebung eines Kindes seine Gehirnstruktur und Lernfähigkeit mitbestimmt.

Ein Bericht der Carnegie Corporation von 1994 besagt, dass die Entwicklung des Gehirns im ersten Lebensjahr

- schneller und weitreichender ist,
- stärker auf Umwelteinflüsse reagiert als in jedem anderen Alter und
- länger dauert als früher angenommen.[10]

Außerdem beeinflusst ...

- ... die Umgebung die Zahl der Gehirnzellen, ihre Verbindungen zueinander und die Art, wie die Verbindungen angelegt sind.
- ... Stress die Entwicklung des Gehirns in den ersten Lebensjahren negativ.

Wenn es um Ihre Berufstätigkeit geht, sollten Sie also Ihre Entscheidung sorgfältig treffen und dabei die entwicklungsbedingten Bedürfnisse jedes Kindes nicht außer Acht lassen. Was ist Ihnen wichtig? Vater und Mutter tragen beide die Verantwortung, die entwicklungsbedingten Bedürfnisse des Kindes vor ihre Arbeit und externe Aktivitäten zu setzen und in diesen fundamentalen Jahren ihr Bestes zu geben.

Nehmen Sie Erziehungsurlaub. Denken Sie bei Ihrer Entscheidung bezüglich Ihrer Berufstätigkeit immer daran, dass die Phase, in der Sie kleine Kinder haben, nur eine kurze Phase ist. Wir können unser Berufsleben unterbrechen, unser Einkommen reduzieren und den Kindern Vorrang geben, so lange sie klein sind.

„Hausarbeit" muss mit einkalkuliert werden. Wenn es um die Berufstätigkeit geht, denkt man zunächst an eine Arbeit außer Haus. Doch die Arbeit im Haus kann genauso stark belasten, wie Arbeit außer Haus. Wie oft machen Hausfrauen sich vor, dass sie in erster Linie für ihre Kinder da sind. In Wirklichkeit haben sie jedoch ihrer Hausarbeit und ihren Ehrenämtern so viel Zeit eingeräumt, dass sie kaum noch Zeit für ihre Kinder haben! Häufig teilt sich ein Ehepaar den Broterwerb. Die Hausarbeit bleibt allerdings meist an der Frau hängen, sodass sie in Wirklichkeit zwei Berufe ausübt.

> Ich muss mich zwingen, jeden Tag ein oder zwei Dinge weniger zu erledigen, als ich gerne möchte.

Denken Sie daran, dass Sie die Stunden für geschäftliche Dinge zu Hause, für den Haushalt, für Fahrten und außerplanmäßige Aktivitäten mit einkalkulieren. Nur so können Sie feststellen, wo Ihr Schwerpunkt liegt und wo er in den Kindererziehungsjahren liegen sollte.

Geld

Die Entscheidung pro und contra Berufstätigkeit eines Elternteils stellt jedes Paar vor eine der größten Herausforderungen seiner Ehe. Hierbei geht es ums Geldverdienen und mit dem Geld umgehen. Viele Eltern, die wir befragten, haben uns tatsächlich berichtet, dass Unstimmigkeiten zum Thema Geld das zweitgrößte Streitobjekt in ihrer Ehe waren.(Das noch größere Problem ist mangelnde Kommunikation.)

Wir haben von zwei Einkommen auf eins reduziert. Ständig prüfen wir, was Vorrang hat, was wir erübrigen können, etc.

***

Als meine Tochter sechs Monate alt war, habe ich bereits angefangen, Rücklagen für ihr Studium zu schaffen.

Diskussionen übers Geld können also in den Jahren, in denen die Berufstätigkeit eines Partners zur Nebensache wird, einen unverhältnismäßig hohen Stellenwert einnehmen. Wir machen Ihnen deshalb im Folgenden einige Vorschläge, wie Sie Herr des Geldes bleiben können, bevor das Geld Sie beherrscht.

Sprechen Sie über Geld. Viele Paare fühlen sich beim Thema Finanzen so unbehaglich, dass sie erst gar nicht darüber reden. Setzen Sie sich gemeinsame Ziele, was einen Hauskauf oder andere größere Anschaffungen angeht. Klären Sie, was „wichtige“ und was „überflüssige“ Einkäufe sind. Reden Sie offen und ehrlich miteinander, was für Sie finanziell wichtig ist und hören Sie sich die Ansichten

Ihres Partners dazu gut an. Verhandeln Sie anschließend miteinander, was das Beste für Ihre Ehe ist und geben Sie dem Hintergedanken: „Was ist das Beste für mich?", keinen Raum!

Beide Partner müssen über das gemeinsame Geld Bescheid wissen. In der Vergangenheit haben sehr oft die Ehemänner in Bezug auf die Finanzen die Entscheidungen getroffen und ihre Frauen darüber in Unkenntnis gelassen oder einfach nicht an ihren Vorstellungen beteiligt. Auf diese Weise werden Partner unfähig, mit Geld umzugehen. Teilen Sie Ihr Wissen und Ihre Verantwortung für finanzielle Angelegenheiten!

Bezahlen Sie abwechselnd Ihre Rechnungen. Die beste Möglichkeit, sich die Verantwortung für die Finanzen zu teilen ist, sich an den Verbindlichkeiten zu beteiligen. Wechseln Sie sich in der Bezahlung der Rechnungen von einem Monat zum anderen ab und Sie werden erleben, wie die Kommunikationsfähigkeit zwischen Ihnen wächst!

Machen Sie keine Schulden. Schulden machen ist keine Lösung für ein leeres Konto. Stimmen Sie sich ab, wie Kreditkarten benutzt und monatlich ausgeglichen werden. Und: Halten Sie sich zuverlässig an Ihre Richtlinien.

Die Großfamilie

Bei fast allen Familien ist die Verwandtschaft mit Schwiegereltern, Großeltern, Tanten, Onkeln, Vettern und Kusinen ein heikles Thema. Einige Familien müssen sich an Schwiegerkinder aus fremden Kulturen gewöhnen. Wie können wir generell innerhalb der Großfamilie zu guten Beziehungen beitragen? Wie ehren wir unsere Eltern, wo uns so

Ich muss wissen, dass meinem Mann meine Familie wichtig ist.

***

Ich möchte, dass meine Frau hin und wieder ihre Mutter besucht.

viele andere Menschen auch wichtig sind? Wie gehen wir mit Ratschlägen und Kritik um? Wie bringen wir unseren Kindern Achtung vor Familienmitgliedern bei, die wir nicht schätzen? Wie klären wir, wer die Mutter ist, wenn es nach einer Wiederheirat zwei Mütter gibt? Wie können wir die Beziehung zu beiden Großelternpaaren festigen, ohne dass sie sich gegenseitig die „Show stehlen“? Was ist uns wichtig in unserer Beziehung zu der jeweils angeheirateten Familie? Diese und ähnliche Fragen sind manchmal unangenehm und delikat und doch sind sie entscheidend für unser Selbstverständnis als Familie.

Außerhalb der Familie

Zu unserer Aufgabe als Familie gehört, dass wir uns über unsere eigene kleine Welt hinaus auch um andere kümmern. Was ist Ihr Beitrag als Familie zur Welt im umfassenderen Sinn? Welche Verantwortung haben wir gegenüber Menschen außerhalb unserer Familie, gegenüber unseren Nachbarn, unserem Land und unserer Umwelt? Wichtig ist, dass wir unsere Kinder in unserer Familie nicht in einen Kokon einspinnen. Wir wollen, dass sie hinausgehen, sich in der Welt zurechtfinden und verantwortlich darin leben. Kinder werden mit der Welt vertraut oder fürchten sie, je nachdem wie sie in ihren Familien mit ihr umgehen lernen. Hat Ihre Familie Kontakt zu den Nachbarn? Hat Ihre Familie Kontakt zu Menschen, die anders sind als Sie? Menschen anderer Altersstufen oder aus einer anderen Kultur? Ermöglichen Sie Ihren Kindern, bei Flutkatastrophen oder ähnlichen humanitären Hilfseinsätzen mitzuhelfen? Besuchen Sie als Familie Alters- und Pflegeheime? Beteiligen Sie sich in Ihrem Haushalt am Umweltschutz?

Die Aufgeschlossenheit Ihrer Familie für die nahe und ferne Welt kann auch von Ihrer Glaubensentscheidung ausgehen. Spielt Gott eine wichtige Rolle in Ihrer Familie? Wie drückt sich das aus? Wie können Sie Ihren Glauben deutlicher ausleben? Wie können Sie Ihre Kinder zu einem deutlicheren Verständnis für Gott und seine Ziele mit der Welt führen?

Sie verhelfen sich und Ihren Kindern zu einer klaren Zukunftsorientierung, indem Sie Ihren Familienkreis erweitern.

Eine Aufgabe für die Familie festlegen

Nachdem die Dinge des Alltags geklärt sind, sollten Sie für Ihre Familie ein gemeinsames Ziel festlegen. Viele Paare geben ihrer Ehe schon sehr früh eine Zielrichtung. Einige Familienberater ermutigen Paare zu dieser Aufgabe bereits als Vorbereitung auf die Ehe. Andere Familien meinen, dass sich ein solches Ziel erst nach Jahren ergeben würde. Die grundlegende Frage lautet jedoch in jedem Fall: „Was soll Sinn und Zweck unserer Familie sein?" Die Aufgabe für eine Familie ergibt sich aus der Identifikation mit diesem Sinn und Zweck und dem Plan, wie man beides erreichen kann.

Ich brauche einen Partner, der mir dabei hilft, unseren Kindern die Liebe Jesu nahe zu bringen.

Das Bekenntnis zu der Aufgabe seiner Familie ist Ausdruck dessen, was man glaubt. Covey schreibt dazu: „Das Bekenntnis zum Familienauftrag wird zu einer Art Satzung, die Ausdruck Ihrer Vorstellungen und Werte ist. Diese Satzung wiederum wird zum Kriterium, an dem Sie alles Weitere in Ihrem Leben messen können."[11]

Eine solche Zielorientierung der Familie geschieht nicht über Nacht. Sie entsteht vielmehr durch sorgfältiges Nachdenken und oft aus dem Gebet über Fragen wie: „Wer bin ich? und „Was beschäftigt uns als Familie?" Mit der Zeit wird diese Zieldefinition jedoch der wachsenden und sich verändernden Familie angepasst werden müssen. Sie ist also kein starres Gerüst, an dem man für alle Zeiten kleben muss.

Als wir erst einmal Kinder hatten, entdeckten wir, dass sich unser ganzes Planen und unsere Überlegungen, wie wir sie erziehen würden, plötzlich veränderten.

Beachten Sie folgende Aspekte, wenn Sie Ihre Aufgabe als Familie definieren und festlegen:

Der Wert von Vorbildern

Es ist immer hilfreich, sich andere Familien anzuschauen, wie sie bestimmte Themen handhaben, oder auf Paare zu achten, die Ihnen in Bezug auf Ehe und Familie bereits einige Schritte voraus sind. Beobachten Sie, wie diese Eltern mit ihren Kindern umgehen und wie sie sich Beruf und Hausarbeit teilen. Sehen Sie sich in Ihrer Verwandtschaft um, wie dort in den verschiedenen Lebensbereichen Verantwortung wahrgenommen und mit Geld umgangen wird. Befreunden Sie sich mit einem älteren Ehepaar in Ihrer Gemeinde oder in Ihrer Nachbarschaft und achten Sie auf deren Umgang mit anderen und untereinander in der Familie.

Lernen Sie von den verschiedenen Ehen um Sie herum und formen Sie sich anhand der guten und schlechten Beispiele ein Bild für Ihre eigene Familie. Welche Elemente bringen Harmonie und Ausgeglichenheit in die verschiedenen Ehemobiles? Wodurch geraten sie aber aus dem Gleichgewicht – und warum?

Ein Erbe hinterlassen

Es gibt noch eine hilfreiche Möglichkeit, wie Sie Ziel und Auftrag für Ihre Familie bedenken und klären können: Betrachten Sie das Erbe, das Sie Ihrer Familie hinterlassen wollen. Wir gestalten ein Erbe, indem wir die ererbten Werte, die wir durch unsere eigene Familie empfangen haben, mit denen unserer jungen Familie verknüpfen.

Überlegen Sie einmal, was Ihnen von Ihren Eltern mitgegeben worden ist. Vielleicht gibt es vieles, was Sie am liebsten wegwerfen möchten. Identifizieren Sie sich mit den Werten und Prinzipien, die Sie in Ihren eigenen Familienalltag übernehmen wollen. Was war Ihren Eltern vorrangig wichtig? Haben sie ihre Kinder zur Aufrichtigkeit erzogen? Waren ihnen Beziehungen wichtiger als Besitz oder Karriere? Haben sie gerne Familienereignisse gefeiert? Waren sie gegenüber anderen Familienmitgliedern loyal?

H. Norman Wright macht den Vorschlag: „Bevor wir darauf warten, dass über unsere Familiengeschichte einmal Lobeshymnen gehalten werden, sollten wir unsere Geschichte bereits heute überdenken und sie für uns und unsere Familienmitglieder festhalten."[12] Erinnern Sie sich an einige Familiengeschichten, die die Werte, die Sie von Ihren Eltern und Großeltern geerbt haben, darstellen?

Nachdem Sie in Ihre Familiengeschichte zurückgeschaut haben, sollten Sie nach vorn schauen. Überlegen Sie sich, was Sie der Welt und künftigen Generationen von Ihrer eigenen Familie weitergeben wollen. Es gibt ein altes Sprichwort, das besagt: „Es ist der größte Gewinn, wenn ich mein Leben für etwas einsetze, was mein Leben überdauert."[13]

Die beliebte Autorin zu Familienthemen, Edith Schaeffer, meint, dass eine Familie „ein Museum der Erinnerungen" ist. Sie sagt von sich selbst, dass sie einen fantastischen Beruf habe, weil sie die Direktorin dieses Museums der Erinnerungen sei.[14] Bereits heute prägen wir also die unauslöschlichen Erinnerungen in den Herzen und Seelen unserer Kinder und Kindeskinder für deren Zukunft. Möchten Sie, dass Ihre Kinder Vorbilder von Liebe, Achtung, Loyalität und anhaltenden Freundschaften in sich tragen? Wenn ja, dann festigen Sie diese Bilder als Ihre heutigen Ziele für morgen. Leben Sie diese Werte aus und machen Sie sie zu Ihrer Lebenserfahrung. Auf diese Weise geben Sie Werte weiter. Um diese Werte geht es, die wir heute festlegen, ausleben und als Lebenserfahrung weitergeben.

Einige Beispiele für Familienziele und -aufgaben

Falls es Ihnen unmöglich erscheint, weit reichende Ziele für Ihre Familie festzuschreiben, weil Sie schon kaum Zeit haben, das Essen auf den Tisch zu bringen, die Kinder zu baden und am Ende des Tages ins Bett zu schaffen, dann zerteilen Sie diese herausfordernde Aufgabe in überschaubare Stücke.

Beginnen Sie mit Ihrer eigenen Zielrichtung. Notieren Sie die Werte, die für Sie persönlich wichtig sind und die Erfahrungen, die Sie gemacht haben. Wir geben einige Beispiele:

Ziel eines frisch verheirateten Paares

„Wir wünschen vor Gott, dass wir in das Bild Christi verwandelt werden. Wir wollen uns von ihm in dieser Welt gebrauchen lassen. Wir sind uns bewusst, dass wir nur ein kurzes Leben haben und wollen seine Arbeit anpacken, wo immer wir ihr begegnen."[15]

Ziele berufstätiger Mütter

- „Ich will, so gut ich kann, Kariere und Familie im Gleichgewicht halten, weil mir beides wichtig ist."
- „Mein Haus soll ein Ort sein, wo ich und meine Familie, Freunde und Gäste, Freude, Gemütlichkeit, Frieden und Glück finden."
- „Ich schätze die Rechte, Freiheiten und Pflichten unserer demokratischen Gesellschaft. Ich will eine interessierte und informierte Bürgerin sein."
- „Ich will als eigenverantwortliche Person Initiative ergreifen, um meine Lebensziele zu erreichen."
- „Mein Geld soll mir dienen und mich nicht beherrschen."

Ziele eines Geschäftsmanns

- Sei zuerst zu Hause erfolgreich.
- Suche und erfahre Hilfe von oben.
- Sei stets kompromisslos ehrlich.
- Denke an die Menschen, mit denen du zu tun hast.
- Höre dir immer beide Seiten an, bevor du ein Urteil fällst.
- Nimm Rat von anderen an.
- Verteidige die, die nicht anwesend sind.
- Sei ernsthaft und entschlossen.
- Lerne jedes Jahr eine neue Fähigkeit dazu.
- Plane heute die Arbeit von Morgen.
- Beeile dich, während du wartest.
- Bewahre eine positive Haltung.
- Erhalte dir den Sinn für Humor.

- Sei ordentlich, was deine Person und deine Arbeit betrifft.
- Hab keine Angst, Fehler zu machen. Fürchte vielmehr mangelnde kreative, konstruktive und korrigierende Ideen, um deine Fehler wieder auszugleichen.
- Verhilf Untergebenen zum Erfolg.
- Rede nur halb so viel wie du zuhörst.
- Konzentriere alle Bemühungen und Fähigkeiten auf die Aufgabe, mit der du gerade beschäftigt bist und mach dir keine Gedanken über die nächste Arbeit oder Anforderung.[16]

Sobald Sie Ihre eigenen Ziele festgelegt haben, kombinieren Sie Ihre Werte mit denen Ihres Ehepartners. Auf diese Weise können Sie Ihrer Familie eine Richtung geben. Dazu einige weitere Beispiele:

Ziele junger Familien

- „Unser Ziel ist es, in Harmonie miteinander zu leben. Dabei wollen wir die Bedürfnisse des anderen mehr achten als die eigenen."[17]
- „Wir haben uns als Familie zum Ziel gesetzt, für Kinder und Erwachsene ein sicheres Umfeld zu schaffen. Indem wir lernen, wie wir einander lieben und dienen, lernen wir, wie wir Jesus mehr lieben und dienen können."[18]

Das Ziel Edith Schaeffers

„Eine Familie ist ein Bildungszentrum für menschliche Beziehungen. Die Familie ist der Ort, wo schon kleine Kinder lernen sollten, dass jeder Mensch einmalig, wichtig und wertvoll ist und eine Aufgabe in diesem Leben hat."[19]

Das Ziel Billy Grahams

„Die Familie sollte eng miteinander verbunden sein. Das Zuhause sollte ein Zufluchtsort sein, eine Art Schule, wo die Grundlektionen des Lebens gelernt werden, und eine Art Kirche, wo Gott die Ehre gegeben wird; ein Ort, wo sich jeder erholen und an schlichten Dingen erfreuen kann."[20]

Ihr eigenes Nachdenken kann durch solche und ähnliche Beispiele angeregt werden. Falls Sie keine Zeit haben, Ihre eigenen Werte und Ziele aufzuschreiben, kopieren Sie einfach Teile dieser Beispiele, die sich auf Ihre Familie anwenden lassen und machen Sie diese Ziele zu Ihren eigenen.

Zusammenfassung

Es ist so wichtig, dass wir verbalisieren können, wer wir als Familie sein wollen! „Letztendlich", so sagt Gloria Gaither, „zählt nur das, was wir tun. Was wir uns selbst oder anderen Menschen einreden, ist unwichtig."[21]

Wer eine Zielsetzung für seine Familie herausgefunden hat, kann Prioritäten setzen und Richtungen einschlagen, die bestimmen, wie man seine Zeit einteilt, sein Geld ausgibt und seine Familie für die Zukunft prägt. Wir haben damit unabhängig von unseren Lebensumständen einen Sinn gefunden, einen Entwurf für das, was wir in unserer Familie gestalten und aufbauen wollen. Eine Zielsetzung für die Familie vereinfacht, stabilisiert und stärkt das Familienmobile.

Mobilmacher Nr. 1: Zum Schmunzeln

Was eine gute Ehe ausmacht

1. Vor allem: Sei nicht störrisch wie ein Esel!
2. Mach das Beste aus dem, was du hast; mach dir nichts aus dem, was du nicht hast.
3. Schenke Liebe im Übermaß und nicht in kleinen Dosen.
4. Denke immer daran: Was gut ist für die Gans ist auch gut für den Ganter.

5. Und zum Schluss: Gib deine Probleme am Ende eines Tages an Gott ab – er bleibt sowieso die ganze Nacht wach.[22]

Mobilmacher Nr. 2: Richtlinien für die eigene Zielsetzung

- Nehmen Sie sich miteinander Zeit und sprechen Sie über Ihre Aufgaben und Ziele.
- Wählen Sie verschiedene Bereiche für Ihre Zielsetzung aus, zum Beispiel Ihre Ehe, die Erziehung der Kinder, Traditionen, Arbeit, Geld, Glaube, Weiterbildung und körperliche Fitness.
- Setzen Sie „gemeinsame Ziele" für sich als Ehepaar und als Familie.
- Setzen Sie sich realistische und erreichbare Ziele.
- Setzen Sie jedem Ziel ein Zeitlimit.
- Begrenzen Sie die Anzahl Ihrer Ziele.

Mobilmacher Nr. 3: Legen Sie Schritt für Schritt die Ziele für Ihre Ehe fest

Schritt 1: Bestimmen Sie Sinn und Zweck Ihrer Ehe

Was soll aus Ihrer Ehe werden? Was ist die Hauptrichtung, auf die Ihre Ehe hinauslaufen soll? Legen Sie die Richtung schriftlich fest.

Schritt 2: Malen Sie sich die Situation aus

Stellen Sie sich Ihre Ehe nicht so vor, wie sie zur Zeit ist, sondern wie Sie sie sich wünschen. Wie stellen Sie sich Ihre Ehe vor? Was tun Sie dafür? Wie sind die gegebenen Umstände?

Schritt 3: Werden Sie sich über Ihre augenblicklichen Ziele klar

Was müssen Sie heute tun, damit Sie festen Kurs auf das Wunschziel Ihrer Ehe nehmen?

Schritt 4: Handeln Sie!

Nehmen Sie sich nur ein Ziel aus der Menge Ihrer Ziele für die Ehe heraus und bewegen Sie sich auf dieses eine Ziel zu. Denken Sie daran: Jede lange Reise beginnt mit dem ersten Schritt! Und beten Sie, bevor Sie losgehen.

Schritt 5: Handeln Sie so, als ob Ihr Ziel bereits erreicht wäre

Handeln Sie so, als ob Sie Ihr Ziel bereits erreicht hätten. Wenn Sie sich auf das erste Ziel zu bewegen wollen, sollten Sie so handeln, als hätten Sie das Ziel schon erreicht.

Schritt 6: Beten Sie weiter

Wer sein Leben sinnvoll leben will, muss in allen Fragen stets nach der Führung Gottes suchen. Sie haben bereits gebetet, bevor Sie zu handeln begannen. Beten Sie während der gesamten Planung weiter.

Wie ein Paar seine Planung bewältigt hat

Nachfolgend berichten wir Ihnen, welche Zielrichtung sich ein Ehepaar im Alter von etwa 30 Jahren gab und wie es seine Ehe anschließend nach dieser Vorgabe ausrichtete. Ihr Trauspruch stand in Matthäus 22,36–40 und entsprechend lautete das Lebensmotto dieses Paares: „Liebe Gott, den Herrn, von ganzem Herzen, mit ganzer Hingabe und mit deinem ganzen Verstand!“ Sein Ziel ist es, diese Liebe einander und anderen Menschen weiterzugeben. Dazu gehört, wie das junge Paar sagt:

- *Unser geistliches Wohlbefinden*
  Gott dienen, wo immer er uns hinführt.

- *Das Wohlbefinden in unserer Ehe*
  Wir wollen Mutmacher sein nach 1. Tessalonicher 5,11, indem wir dem anderen die Zweifel nehmen, an seine Träume glauben, einander bestätigen und beschützen, gute Zuhörer sind und einander lieben und ehren.
- *Das Wohlbefinden in unserer Familie*
  Wir wollen der Christus ähnlichen Liebe entsprechen (Epheser 5,22-23) und unser Heim zu einem Hafen der Ruhe machen.
- *Unser körperliches Wohlbefinden*
  Wir wollen unseren Körper durch regelmäßigen Sport aktiv erhalten.
- *Unser mentales Wohlbefinden*
  Wir wollen für interessante Themen offen sein, die uns zum Gespräch anregen und immer wieder Gelegenheiten zur Weiterbildung wahrnehmen.
- *Unser emotionales Wohlbefinden*
  Wir möchten Krisen erkennen und uns darauf einstellen, Stress vorbeugen und entsprechend planen und falls es notwendig werden sollte, unseren Lebensstil ändern, um unsere Beziehung zu verbessern.
- *Unser finanzielles Wohlbefinden*
  Wir wollen uns immer wieder daran erinnern, dass uns unser Besitz und unser Geld von Gott anvertraut sind (siehe Matthäus 24,45–46). Dabei möchten wir stets freigiebig sein (siehe 1. Timotheus 6,17–19).
- *Unser soziales Wohlbefinden*
  Weil wir durch Nachdenken, Selbstbeobachtung und Einsamkeit Energie gewinnen, müssen wir Verantwortung für unser soziales Leben erkennen und übernehmen, indem wir enge und sinnvolle Beziehungen schaffen und pflegen und uns ein soziales Umfeld suchen und schaffen, worin wir uns wohl fühlen.[23]

Mobilmacher Nr. 4: Hochzeiten feiern

Gehören Sie zu einem Freundeskreis von Ehepaaren? Wie wär's, wenn Sie Ihre Hochzeitstage miteinander feiern würden? Immer wenn ein Paar aus Ihrer Gruppe seinen Hochzeitstag hat, könnten Sie

- zu einer Kaffeerunde einladen.
- das Paar bitten, sein Hochzeitsalbum oder ein Hochzeitsfoto mitzubringen und von seiner Trauung zu berichten.
- das Paar bitten, etwas zu seinem Eheversprechen zu sagen und zu erzählen, welche Bedeutung dieses Gelübde für beide bekommen hat.
- als Gruppe für das Jubelpaar beten.

Mobilmacher Nr. 5: Wenn für besondere Dinge nicht viel Geld oder Zeit vorhanden ist

- Schicken Sie sich E-Mails.
- Treffen Sie sich zum Essen. Das kann Fastfood oder ein Picknick im Park sein.
- Verstecken Sie einen Zettel mit lieben Worten in die Aktentasche oder ins Lunchpaket Ihres Ehepartners.
- Arrangieren Sie eine Übernachtung der Kinder bei Freunden und verbringen Sie den Abend allein zu Hause.
- Geben Sie Ihre Kinder in eine Spielgruppe und nehmen Sie sich einen Tag lang frei.
- Nehmen Sie sich am Morgen oder Abend eine halbe Stunde Zeit, in der Sie allein sein können.

Mobilmacher Nr. 6: Merkmale einer gesunden Familie

In einer gesunden Familie kann man

- reden und zuhören,
- einander bestätigen und unterstützen,
- Achtung vor dem anderen lernen,
- Vertrauen entwickeln,
- spielen und lustig sein,
- geteilte Verantwortung spüren,
- ein Gefühl für Gut und Böse entwickeln,
- einen starken Familiensinn haben, der durch Rituale und Traditionen gefestigt wird,
- lernen, die Privatsphäre des anderen zu respektieren,
- Probleme zulassen und nach Lösungen suchen.

In einer gesunden Familie gibt es

- eine ausgewogene Arbeitsverteilung,
- eine gemeinsame religiöse Basis,
- gemeinsame Mahlzeiten und Gespräche,
- gemeinsame Ruhezeiten.

Eine gesunde Familie
- schätzt den Dienst am Nächsten.[24]

Mobilmacher Nr. 7: Erkennen Sie Ihre Familienwerte

Was zeichnet Ihre Familie aus? Damit Sie die Werte für Ihre Familie festlegen können, sollten Sie darüber nachdenken, was Ihnen gemeinsam wichtig ist. Welche Werte sind Ihnen von Ihren Eltern übertragen worden, die Sie an Ihre Kinder weitergeben möchten? Wie soll Ihre Familie in fünf Jahren aussehen und wie soll sie sich dann verhalten? Wie in zehn Jahren? Und wie, wenn alle Kinder erwachsen sind? Welche Werte vermitteln Sie durch die Art und Weise, wie Sie heute leben?

Tim Kimmel schreibt dazu in seinem Buch *Legacy of Love* (Das Erbe der Liebe): „Ihre Worte, Ihr Tagesablauf, Ihre Entscheidungen, Ihr Gehorsam, die Art, wie Sie Ihren Erfolg genießen und Ihre Niederlagen verkraften, tragen dazu bei, wie Sie Ihr Leben bewerten. Auf Ihre Lebenseinstellung verlassen sich wiederum Ihre Kinder bei der Suche nach den Werten für ihre eigene Zukunft."[25]

Eine andere Möglichkeit, wie Sie die Werte erkennen können, die Sie für sich bestimmen wollen, besteht darin, dass Sie in Gedanken Ihrer eigenen Beerdigung beiwohnen. Was würde Ihre Familie über Sie sagen? Was wollen Sie heute ändern, damit man einmal eine positive Ansprache an Ihrem offenen Grab hält? Auch diese Fragen können bei der Entscheidung für Ihre Familienwerte helfen.

Mobilmacher Nr. 8: Vererben Sie Ihre Familiengeschichte

Familien und Kinder haben großen Gewinn, wenn Sie etwas über ihre Vorfahren erfahren. Sie erkennen dadurch, wer sie selbst und als Familie sind. Es hilft ihnen zu erkennen, wohin sie gehen, weil sie wissen, woher sie kommen. Darum sind auch Fotoalben so wichtig für eine Familie. Das gilt genauso für Familiengeschichten, die die Werte und Richtungen erkennen lassen, die seit Generationen Teil des Familienlebens waren.

Folgende Fragen sollen Ihnen helfen, Ihre Familiengeschichte in Ihr Gedächtnis zurückzurufen:

- Was wissen Sie über Ihnen vorangegangene Generationen?
- Welches ist das älteste Familienmitglied, über das Sie etwas wissen?

- Was wissen Sie über diesen Menschen?
- Kennen Sie einen Verwandten, der viel Mut, Ausdauer, Humor oder andere Qualitäten gezeigt hat?
- Welche Härten hat Ihre Familie durchlebt?
- Welche großen Erfolge hat Ihre Familie gehabt?
- Mit wem könnten Sie sprechen, der das historische Bild von Ihrer Familie vervollständigen helfen könnte?

Mobilmacher Nr. 9: Wie man Zielvorstellungen für seine Familie aufschreibt

Wir geben Ihnen im Folgenden einige Tipps, wie Sie die Ziele festlegen können, die Sie als Familie in den nächsten Jahren erreichen wollen.

Brainstorming

Setzen Sie sich als Familie zu einem Brainstorming zusammen. Wichtig ist, dass Sie dabei Ihren Spaß haben und jedem mit Achtung begegnen. Stellen Sie dabei heraus, dass Gott die Freiheit hatte, Sie als Familie beliebig zusammenzustellen. Jeder von Ihnen ist also „handverlesen". Fragen Sie Ihre Kinder, warum Sie glauben, dass Gott Sie als Familie so zusammengestellt hat, wie Sie zusammengehören. Schlagen Sie vor, dass Sie gemeinsam während eines Brainstormings zehn Ziele nennen, die Gott möglicherweise von Ihnen als Familie erfüllt haben möchte.

Schreiben Sie alles auf. Keine Idee darf kritisiert oder ausgelassen werden. Und nehmen Sie sich dabei selbst nicht zu ernst, denn es soll allen Spaß machen. Seien Sie kreativ. Ein Tipp: Ändern Sie negative Ziele wie: „Wir sollten uns weniger streiten!" in positive ab: „Wir sollten harmonisch miteinander leben."

Anschließend wählen Sie einige Ideen aus, die Sie in Ihr gemeinsames Ziel einfügen. Zum Beispiel: „Unsere Aufgabe als Familie ist es, einander und andere zu lieben, gemeinsam Lektionen für unser Leben zu lernen und Gott die Ehre zu geben."

Feiern Sie die Ihnen als Familie bestimmte Aufgabe

Feiern Sie Ihr neues Familienmotto. Suchen Sie nach Möglichkeiten dazu. Verfassen Sie eine Familien-Zeitung oder ein Zertifikat, das Ihre Aufgabe als Familie beschreibt. Suchen Sie eine Blume oder einen Baum aus, der einige Aspekte Ihres Familienmottos repräsentiert und pflanzen Sie gemeinsam Blume oder Baum in Ihren Garten. Sie können auch einen Kuchen backen und das Familienziel mit Zuckerguss darauf schreiben. Oder suchen Sie nach einem Kunstgegenstand, der Ihre Aufgabe als Familie symbolisiert.

Setzen Sie Ihre Aufgabe in die Tat um

Schreiben Sie zwölf Aktivitäten auf, die das Motto Ihrer Aufgabe als Familie in die Tat umsetzen. Fragen Sie jede Woche ein Familienmitglied, was es in Übereinstimmung mit dem gemeinsamen Ziel getan hat. Denken Sie daran: Übung macht den Meister![26]

Mobilmacher Nr. 10: Lieben Sie Ihre Schwiegermutter

Vielleicht trägt die Schwiegermutter Ihre Charakterzüge oder ist genau das Gegenteil von Ihnen. Es ist auch gut möglich, dass Sie mit Ihrer Schwiegermutter enger verbunden sind, als mit Ihrer eigenen Mutter. Oder Sie stehen wie ein Keil zwischen ihr und ihrem Sohn. Wie immer Ihre Beziehung zu Ihrer Schwiegermutter aussehen mag, Sie ist die Mutter Ihres Mannes, den Sie so sehr lieben, dass Sie ihn geheiratet haben. Wie sehr lieben Sie Ihre Schwiegermutter?

Halten Sie eine Minute inne und denken Sie darüber nach, was Sie zu Ihrem Leben beiträgt: Weisheit? Herausforderung? Liebe? Freude? Geduld? Flexibilität? Ordnung?

Und nun fügen Sie dieser Aufstellung die Charakterzüge bei, die Sie bei ihr als Eigenschaften Ihres Mannes erkennen. Inwieweit ist er wie seine Mutter? Inwiefern ist er anders? Was haben Sie an ihm zu lieben gelernt, das Ihnen helfen könnte, Ihre Schwiegermutter besser zu lieben?

Gott macht keine Fehler. Wenn er Paare zusammenbringt, werden ganze Familien zusammengestrickt. Ganz gleich, wie Sie, Ihre Schwiegermutter analysieren, Tatsache bleibt: Sie ist die Mutter des Mannes, den Sie lieben. Indem Sie sie lieben, lieben Sie ihn.[27]

Mobilmacher Nr. 11: Hausarbeit teilen

Oft müssen Paare miteinander ausmachen, wer was tut, wenn im Haushalt die Erledigung einiger Aufgaben ansteht. Wir geben Ihnen ein paar Tipps, wie Sie auf diesem Gebiet die Balance halten und sich die Verantwortung teilen.

Tipps für Frauen

1. Bitten Sie schlicht und einfach um Hilfe, wenn Sie Hilfe brauchen. Stöhnen Sie nicht und beklagen Sie sich nicht und erwarten Sie nicht, dass Ihr Mann Ihre Gedanken lesen kann.
2. Falls Sie eine Aufgabe delegieren, machen Sie die Arbeit anschließend nicht noch einmal, nachdem er sie erledigt hat.
3. Haben Sie realistische Erwartungen (keine perfektionistischen) und freuen Sie sich an der Mithilfe.

Tipps für Männer

1. Erwarten Sie nicht von Ihrer Frau, dass Sie alles erledigt. Ergreifen Sie eigene Initiativen.
2. Sagen Sie nie: „Ich weiß nicht, wie das geht." Lernen Sie Wäsche waschen, Essen kochen und Mülleimer leeren.

3. Bitten Sie Ihre Frau nicht, Ihre Schlüssel oder Papiere oder Sonnenbrille zu suchen.
4. Sorgen Sie für Ordnung. Stellen Sie Ihr Geschirr in den Geschirrspüler, bringen Sie Ihre schmutzige Wäsche in die Waschmaschine und Ihren Mantel an die Garderobe.

Mobilmacher Nr. 12: Ziele für Eltern

Wir haben zwei Listen über die Bedürfnisse von Kindern zusammengestellt. Welche Punkte berühren Sie selbst am stärksten, wenn Sie an Ihre eigene Familie denken, und wie begegnen Sie den Bedürfnissen Ihrer Kinder?

Was jedes Kind braucht

- *Sicherheit*: Wer fest und liebevoll in den Arm genommen wird, weiß, dass er bedingungslos geliebt wird.
- *Bestätigung*: Wer mir seine Liebe in Taten zeigt, unterstreicht, dass ich ihm lieb und wert bin.
- *Zugehörigkeit*: Wer mich in die Familie mit einbezieht, sagt mir, dass ich dazugehöre.
- Disziplin: Wer mir Grenzen setzt, schützt mein Leben.
- *Führung*: Wer mir alles liebevoll zeigt und erklärt, gibt mir, was ich im Leben wissen muss.
- Respekt: Wer mich akzeptiert, wie ich bin, liebt mich so, wie ich bin.
- *Spielen*: Wer mit mir spielt, ermöglicht mir, spielend zu lernen.
- *Unabhängigkeit*: Wer mich in Liebe aufwachsen lässt, lässt zu, dass ich mich in aller Freiheit entfalten kann.
- *Hoffnung*: Wer mir hilft zu hoffen, eröffnet mir eine Perspektive für die Ewigkeit, die über das Leben hier und heute hinausgeht.[28]

Sechs Charaktereigenschaften, die jedes Kind braucht

1. *Bindung legt die Grundlage fürs Leben.* Die wichtigste und grundlegendste Charaktereigenschaft ist die Fähigkeit, Beziehungen herzustellen. Kinder müssen lernen, dass sie andere brauchen, anderen vertrauen können, von anderen abhängig sind und sie müssen für andere Zuneigung empfinden lernen.
2. *Verantwortung lernen – Selbstbeherrschung entwickeln.* Ein Kind wird mit dem Gedanken geboren, dass sein Leben ein Problem seiner Eltern ist. Zur Charakterbildung gehört, dass ein Kind lernt, Verantwortung für sein Leben zu übernehmen und erkennt, dass sein Leben sein eigenes Problem ist.
3. *Realität – Wir leben in einer unvollkommenen Welt.* Dieser Punkt hat mit der Fähigkeit Ihres Kindes zu tun, ob es das Negative der realen Welt erkennt und akzeptiert. Seine Eltern und Freunde werden es allein lassen. Es selbst wird andere allein lassen. Eltern helfen ihren Kindern beim Umgang mit Sünde, Verlust, Fehlern und dem Bösen, das nicht nur bei ihnen, sondern bei allen anderen Menschen auf der Welt zu finden ist.
4. *Kompetenz – Gaben und Talente entwickeln.* Kinder brauchen Übung, damit sie ihre von Gott verliehenen Gaben und Talente entwickeln können. Sie müssen nicht nur Fähigkeiten auf ganz bestimmten Gebieten wie Kunst, Sport oder Wissenschaft entwickeln, sondern sie müssen auch lernen, wie man Entscheidungen trifft, Menschen und Dinge beurteilt und die Arbeitsethik beachtet.
5. *Moral – Gewissensbildung.* Ein inneres Gespür für Recht und Unrecht unterliegt bei Kindern einem Wachstumsprozess. Das Gewissen eines Kindes wird in verschiedenen Altersstufen gebildet.
6. *Ehrerbietung – die Verbindung zu Gott.* Ihr Kind ist nach dem Bilde Gottes geschaffen. Bestimmte Aufgaben fördern die charakterliche Entwicklung beim geistlichen Wachstum.[29]

Mobilmacher Nr. 13: Finanzielle Ziele

Die meisten „Geldprobleme" in einer Ehe können in einem von drei Bereichen zu Schwierigkeiten führen.

1. *Verantwortlichkeit*
   Der christliche Finanzberater Larry Burkett erklärt, dass die Crux der Finanzverwaltung in der Ehe nicht bei der Frage liegt: Wer stellt die Schecks aus und sorgt dafür, dass das Konto gedeckt ist? Viel wichtiger ist, dass man füreinander verantwortlich ist. Zur Kooperation gehört notwendigerweise, dass Sie Ihre Rechte daraufhin überprüfen, was für Ihre Ehe das Beste ist. Schwierig wird es immer dann, wenn in einer Ehe ein Partner einfach über die Finanzen bestimmt oder umgekehrt nicht bereit ist, Verantwortung für finanzielle Dinge zu übernehmen. Das Ergebnis ist, dass ein Ehepartner die Leitung übernimmt und der andere tatsächlich ein Kind bleibt.
2. *Ehrlichkeit*
   Vertrauen wird durch absolute Ehrlichkeit genährt. Das ist der Schlüssel für jede solide Beziehung. Wenn wir auch nur etwas Unehrliches zulassen, das in unserem Leben Wurzeln schlägt – es mag dabei um Finanzen oder etwas anderes gehen – riskieren wir die allmähliche Zerstörung unseres Ehefundaments.
3. *Erwartungen*
   Es kann sein, dass jeder Partner eine unterschiedliche Einstellung zum Geld mit in die Ehe bringt, je nachdem wie sein Umgang mit Geld durch seine Kindheit im Elternhaus geprägt wurde. Menschen, die über ihre Verhältnisse leben, legen oft ein großzügiges Verhalten an den Tag und suchen nach persönlicher Erfüllung, indem sie Dinge anhäufen. Sparer dagegen horten ihre Schätze auf der Suche nach finanzieller Sicherheit.
   Das gemeinsame Verständnis, dass unser Geld in Wirklichkeit Gott gehört und dass wir uns vor ihm verantworten müssen, wie wir seine Quellen anzapfen, ist der Schlüssel, mit dem sich unter-

schiedliche finanzielle Erwartungen und damit verbundene Probleme lösen lassen.[30]

Tipps, wie man mit den Finanzen der Familie umgehen kann

Sobald Kinder eine Ehe bereichern, werden die Finanzen für die Familie besonders wichtig. Durch Kinder vergrößern sich die Ausgaben, sodass der Umgang mit dem Geld, besonders wenn ein Verdiener ausfällt, zur Herausforderung werden kann. Hier einige Vorschläge, die Ihnen helfen können, Ihre Familienkasse zu führen.

1. Reden Sie über Geldangelegenheiten. Kehren Sie sie nicht unter den Teppich.
2. Beide Partner müssen über die Finanzen der Familie Bescheid wissen.
3. Planen Sie Ihre Ziele stets gemeinsam.
4. Organisieren Sie sich gut.
5. Bezahlen Sie abwechselnd Ihre Rechnungen.[31]

Den Wert des Geldes festlegen

Drei Fragen, die Ihnen verraten, wie Sie in Ihrer Familie über den Wert des Geldes denken:

1. Wie haben Sie das Geld bekommen?
2. Was haben Sie damit gemacht?
3. Was hat es mit Ihnen gemacht?

Fragen zur gemeinsamen Diskussion

- Wie hat sich unsere Einstellung zur Familie verändert, seitdem wir Kinder haben?
- Was ist der wichtigste Gedanken in unserem Familienziel?
- Was sind die wichtigsten Werte in unserer Familie?
- Was sind die drei ersten Prioritäten in unserer Familie?

- Welche Qualitäten wünschen wir uns für jedes unserer Kinder, die sie als Erwachsene später einmal aufweisen sollten?
- Was können wir heute tun, damit unsere Kinder unseren Wertvorstellungen gemäß aufwachsen?
- Welche Traditionen, mit denen wir groß geworden sind, wollen wir erhalten und weitergeben?
- Welche neuen Traditionen wollen wir zu Weihnachten, an Geburtstagen oder anderen Festtagen hinzufügen?
- Wie passt unsere Verantwortung für unseren Beruf in die Prioritätenliste unseres Familienlebens?
- Welche Einstellung zum Geld teilen wir? Wo entsteht wegen des Geldes zwischen uns Uneinigkeit?
- Was wollen wir, falls überhaupt nötig, wegen unserer größer werdenden Familie in unserer Beziehung ändern?
- Inwieweit wollen wir unsere Familie in unsere Ehegemeinschaft mit einbeziehen?

Hoffnung

Die Hoffnung neu entzünden

Wo bleibt das Happyend?

Paula kletterte in der Notaufnahme des Krankenhauses unbeholfen auf die Krankenliege und versuchte ruhig zu bleiben. Der Ultraschall summte, während die Schwester gekonnt die Umrisse des Babys auf ihrem Bauch abfuhr und nach Lebenszeichen suchte. „Der Arzt wird jeden Moment kommen", sagte sie freundlich zu Paula und ging hinaus. Paula ahnte die schreckliche Wahrheit. Ihr Baby hatte es wahrscheinlich nicht geschafft.

Nachdem die Schwester gegangen war, wurde es im Raum unheimlich still. Alles schien leblos und wie ausgestorben. War der Raum in Ihrem Leib ebenfalls ausgestorben? Sie schaute sich um und fühlte sich plötzlich so verlassen wie seit Jahren nicht mehr. Sie hatte ihre dreijährige Whitney bei einer Nachbarin abgegeben. Ihr Mann Mark war wahrscheinlich im Augenblick unterwegs.

Ihre Ehe war nicht gut gelaufen. Mark kümmerte sich um nichts mehr. Gut, er tat, was er sollte: Er spielte mit Whitney, brachte seinen Lohn nach Hause und nahm seinen angestammten Platz am Tisch ein. Aber Paula hatte das Gefühl, dass sein Herz nicht mehr bei der Familie war. Entweder war er bei der Arbeit oder bei seinen Freunden. Er war irgendwo, nur nicht bei ihr. Selbst wenn er zu Hause war, war er nicht eigentlich anwesend.

Wenn sie tief in sich hineinhorchte, musste sie zugeben, dass sich ihre Liebe zu ihm auch verändert hatte. Es war keine Wärme und kein Leben mehr in ihrer Beziehung. In der Tat gab es fast nirgendwo mehr *Leben.* Sie hatte so sehr gehofft, dass das Baby noch einmal alles verändern würde. Und nun ...

Mark hatte gerade ein Verkaufsgespräch beendet, da hatte sein

Telefon gepiept. Er griff zum Apparat seiner Sekretärin und rief zurück. Paula war im Krankenhaus. Irgendetwas stimmte nicht mit dem Baby. Die Lustlosigkeit in Marks Herz lähmte seine Gefühle. Ja, er sorgte sich. Aber die Leidenschaft und Zärtlichkeit, die er einmal für Paula empfunden hatte, waren inzwischen weit, weit weg. Seine einstige Liebe konnte er nicht mehr spüren und nichts erinnerte gefühlsmäßig an die ersten Jahre ihrer Beziehung. Zwar hatte seine Tochter Whitney sein Verantwortungsbewusstsein für seine Familie vertieft und erweitert, aber die Liebe, die er einmal seiner Frau entgegengebracht hatte, schrumpfte mehr und mehr. Während er sich im Gehen den Mantel überzog und zum Auto eilte, schlug ihm die kalte Abendluft ins Gesicht. Sie war wie der frostige Wind, der ihm durchs Herz fuhr. Gab es überhaupt noch Leben und Wärme in seiner Liebe?

Paula lag still auf der Pritsche und wartete. Eine Krankenschwester sah nach ihr und sagte noch einmal, dass der Arzt gleich kommen würde. Paula nickte und streichelte vorsichtig über ihren Bauch.

„O Baby, mein liebes Baby!", flüsterte sie und Tränen traten ihr in die Augen. „Bitte lebe. Du bist unsere einzige Hoffnung." Sie schloss die Lider und begann zu beten. Das erste Mal nach langer Zeit.

„Lieber Gott", flehte sie, „bitte rette mein Kind. Bitte, rette meine Ehe. Vielleicht bist du meine Hoffnung."

Als Mark ins Parkhaus des Krankenhauses einbog, brummte ihm der Kopf. Die Ehe war so anstrengend. Sie machte so viel Arbeit und sie war so öde. Missverständnisse und Unstimmigkeiten häuften sich. Anstatt zu versuchen, den wachsenden Problemberg abzubauen, fand Mark es einfacher, jede Diskussion über ihre Beziehung zu meiden. Natürlich war es leichter, seine Bedürfnisse anderweitig zu befriedigen: Im Büro, zum Beispiel, wo sein Chef ihm viel Anerkennung gab; in der Zusammenarbeit mit einem Kollegen, der große Stücke auf ihn hielt; im Fitnessstudio, wo er immer noch stolz seinen Körper präsentieren konnte. Paula bewunderte ihn schon lange nicht mehr. Und sie war offensichtlich nie zufrieden mit seiner Vaterrolle und seinen Bemühungen als Ehemann. Er hatte all die Versuche satt, ihre Probleme zu lösen.

Und was war mit Whitney? Und dem ungeborenen Kind?

Plötzlich beschleunigte sich sein Puls. Das Baby – irgendetwas stimmte nicht mit ihm. Irgendetwas stimmte vielleicht auch mit Paula nicht. Was, wenn dieses Problem ihr Leben gefährdete? Darüber hatte er noch nie *wirklich* nachgedacht. Der Gedanke machte ihm Angst. Er lenkte in eine Parkbucht, stellte den Wagen ab und lehnte sich über das Lenkrad.

„O, Gott", betete er, „bitte nimm mir nicht mein Baby! Bitte nimm mir nicht meine Frau! Gib uns noch eine Chance."

Er wusste nicht einmal, was er unter einer Chance verstand, aber, merkwürdig, bei diesen Worten spürte er, wie sein Herz weich wurde – ein leichtes Auftauen seiner eingefrorenen Gefühle. Zum ersten Mal seit vielen Monaten machte sich Mark Sorgen um seine Frau. Spürte er sogar Zärtlichkeit? Er stieg aus dem Auto und eilte auf die Notaufnahme zu.

In der Notaufnahme lag Paula auf der Liege, noch immer im Gebet versunken, und streichelte mit ihren Händen das Baby in ihrem Leib. Die Vorhänge rund um ihr Bett raschelten. Sie schaute hoch und erblickte Mark, der neben ihr stand. Ihre Augen trafen sich mit unausgesprochenen Fragen. Obwohl seine Anwesenheit ihre Kämpfe nicht lösen konnte, bot sie Hoffnung in dem, was in ihrer Ehe so hoffnungslos aussah.

Es gibt Hoffnung für jede Ehe

Marks und Paulas Ehe ist nicht ungewöhnlich. Jedes Jahr treten viele tausend Paare hoffnungsvoll vor den Traualtar. Doch angesichts der Herausforderungen des gemeinsamen Lebens und vor allem durch die Herausforderungen durch ihre Kinder geschieht etwas im Laufe weniger Jahre mit ihrer Hoffnung. Ihre Liebe erkaltet. Sie stellen ihr Trauversprechen in Frage und sie bleiben in ihren Problemen, ihrer Sprachlosigkeit, ihrer Ungeduld oder Frustration stecken. Unglücklicherweise werfen in den Vereinigten Staaten laut Statistik mehr als die Hälfte aller Paare das Handtuch und geben auf, weil sie die Hoffnung für ihre Ehe verloren haben.

Jede Ehe lebt von Hoffnung. Und das gilt ganz besonders für jede Ehe mit Kindern. Eine Hoffnung, die größer als ihre Lebensumstände ist. Eine Hoffnung, die stärker ist als ihre Kraft, die sie in sich selbst finden. Eine Hoffnung, die das Potenzial der Ehe erkennen lässt, auch wenn die Zeiten hart sind.

Falsche Hoffnung

Wohin gehen Sie, wenn Ihre Ehe an den Punkt der Hoffnungslosigkeit gerät? Was tun Sie in solchen Momenten? Wo finden Sie Hoffnung? Fangen Sie an, Ihre Ehe ehrlich zu betrachten und finden Sie die Quelle Ihrer Hoffnung heraus. Sie werden überrascht sein, was Sie entdecken werden.

> Die Ehe ist nicht dazu da, Sie glücklich zu machen; die Ehe soll Sie lieben lehren.

Einige von uns heiraten, weil sie *Nähe* suchen. Wir sehnen uns nach einem Lebenspartner. Wir verlangen nach einem Menschen, dem wir etwas bedeuten, der uns wertschätzt und für den wir wertvoll sind. Doch stattdessen werden wir klein gemacht. Wir sehnen uns nach Zärtlichkeit, doch wir werden ignoriert. Natürlich gibt es Augenblicke von großartiger Intimität in unserer Ehe. Aber die täglichen Herausforderungen durch Kinder, Rechnungen, Arbeit und das Leben an sich isolieren uns in unserem Verlangen. Sie lassen in uns ein Gefühl der Verlassenheit und Einsamkeit zurück.

Einige von uns heiraten, weil sie auf *Heilung* hoffen. Wir hoffen, dass das, was in unserer Ursprungsfamilie schief gelaufen ist, in unserer neuen Familie besser sein wird. Wir erwarten von unserem Ehepartner, dass er der zärtliche oder beschützende Elternteil ist, den wir nie hatten. Wir geben uns Mühe, die besten Augenblicke unserer Vergangenheit zu reproduzieren und versuchen das Schlimme zu vergessen. Leider entdecken wir nur allzu oft, dass der, den wir geheiratet haben, seinen eigenen Sack von ungelösten Fragen mit in die Ehe schleppt, eine Ansammlung unerfüllter Bedürfnisse oder nicht erreichter Ziele, denen wir nun begegnen sollen. Die bedingungslose Liebe, die wir erwarteten, wird von einer langen Liste von Erwartungen des Partners abhängig gemacht.

Einige heiraten, weil sie auf der Suche nach dem großen *Glück* sind. Weil wir glauben, dass weder Mann noch Frau zum Alleinsein geschaffen sind, suchen wir einen Ehepartner, der uns glücklich macht und unseren Traum nach materiellem Wohlstand erfüllt: eine Doppelgarage mit einem Kombi, zwei Kinder (ein Junge und ein Mädchen), viel Geld für Familienurlaube in Disneyland. Bei Krankheit, Arbeitslosigkeit, Misserfolg, Lernschwäche eines Familienmitglieds oder falls Wolken der Depression unsere Träume überschatten, leidet unsere Ehe.

Was erhoffen Sie sich von Ihrer Ehe? Wie heißt die Quelle Ihrer bleibenden Hoffnung?

Hoffnung, die bleibt

Bleibende Hoffnung steckt nicht in einem neugeborenen Baby, in den Ohs und Ahs der Bestätigung anderer Menschen oder in einem herrlichen Familienurlaub, in neuen Möbeln oder einem neuen Auto. Bleibende Hoffnung findet sich letztlich nur in dem, was außerhalb von uns und unseren Lebensumständen liegt.

Unsere Ehe wurde im Himmel geschlossen.

Schauen wir uns noch einmal unser Ehe-Mobile an. Ein Paar begegnet sich, verliebt sich und heiratet. Mit der Heirat verbinden beide Partner ihr individuelles Leben mit dem heißen Draht ihrer Liebe in einem Ehe-Mobile. Während Mann und Frau durch die Bedürfnisse und Veränderungen des Lebens hin und her geschaukelt werden, bleibt die Verbindung zwischen den Partnern bestehen und wird stärker. Kommt ein Kind in diese Ehe und wird dem Mobile angefügt, verändert sich die Struktur. Das neugeborene Baby zieht das Paar mit seinem Gewicht nach unten, verbindet es jedoch zusätzlich und gibt ihm eine neue Weite. Vielleicht fragt sich das Ehepaar, das durch diese neue Herausforderung entmutigt ist, wo genau in dieser neuen Struktur die Hoffnung liegt.

Erkennen Sie sich in der geschilderten Szene wieder? Spüren Sie, wenn Sie auf Ihr Kind schauen, die schwere Last der Verantwortung, die Ihnen aufgeladen wurde – durch ein Baby, das alle drei Stunden Hunger hat und das Sie ernähren müssen, ein Kleinkind, das ständig überwacht werden muss, weil es sonst die Wände mit Buntstiften beschmiert, ein Grundschulkind, das Schwierigkeiten in der Schule hat und wo Sie herausfinden müssen, was ihm fehlt und wie Sie ihm helfen können? Machen Sie sich Sorgen um die Kleidung, die Kieferkorrektur, die Sicherheit und Ausbildungsversicherung Ihrer heranwachsenden Kinder? Wo ist die Hoffnung?

Schauen Sie sich Ihren Ehepartner an, den Mann oder die Frau Ihrer Träume. Vor Jahren haben Sie gemeinsam vor dem Traualtar gestanden und sich gegenseitig Liebe und Fürsorge versprochen – „bis dass der Tod uns scheide". Aber heute ist Ihr Mann müde und schläft ein, bevor Sie Zeit finden, Ihre Probleme mit ihm zu teilen. Ihre Frau ist durch die Kinder so in Anspruch genommen, dass sie an Ihnen kaum noch Interesse zu haben scheint. Ein Graben wächst zwischen Ihnen und Ihrer Frau. Der heiße Draht, der Sie einmal verbunden hat, wird immer kälter und dünner, wenn Sie sich die Veränderungen in Ihrer Ehe realistisch anschauen. Wo ist Hoffnung?

Wir sind ein Kunstwerk, das noch in Arbeit ist.

Sie haben sich Ihre Ehe angeschaut. Doch leider haben Sie in die falsche Richtung geschaut.

Schauen Sie nach oben. Sie müssen nicht zwei Einzelgänger bleiben, die durch eine standesamtliche Trauung ohne Ewigkeitsbedeutung horizontal miteinander verbunden sind. Erst dann kommt Hoffnung in eine Ehe, wenn sie an eine Quelle angeschlossen ist, die nicht von einem der beiden Partner abhängt. Hoffnung für die Ehe – und für den Einzelnen – entsteht, wenn wir uns selbst an eine permanente, ewige Quelle der Stabilität und Liebe anschließen. Sie sprudelt durch unsere Beziehung zu Gott und seinem Sohn, Jesus Christus.

Wir brauchen Hoffnung. Wenn Sie das Bedürfnis des Menschen nach Gott begreifen wollen, sollten Sie sich zuerst Ihr eigenes Bedürfnis nach Hoffnung anschauen und die Orte, an denen Sie hoffnungsvoll gesucht haben. Ihre Kinder können Sie nicht mit der beständigen Hoffnung, die Sie brauchen, versorgen; unsere Kinder haben selbst viel zu viele eigene Bedürfnisse. Und wie ist das mit Ihrem Ehepartner? Kann er oder sie Ihre Hoffnungen erfüllen? Wir sind mit einem Menschen verheiratet, der in einem Entwicklungsprozess steht. Kein Mensch dieser Welt, und stehe er uns noch so nahe, kann unser tiefstes Bedürfnis nach Hoffnung stillen, weil nun einmal kein Mensch vollkommen lieben kann.

Das Glück einer Ehe ist kein Selbstzweck. Es ist vielmehr ein Mittel, durch das Gottes Plan in unserem Leben erfüllt wird.

***

Wir versuchen aus der Ehe eine Dreierbeziehung zu machen – Mann, Frau und Gott.

Gott allein kann das Sehnen unseres Herzens stillen, weil nur Gott vollkommen liebt. Nur er allein kann die ewige Quelle der Beständigkeit sein, von der unsere Ehe abhängig ist.

Wenn wir die Sache einmal umdrehen, können wir unser Bedürfnis nach Gott noch viel besser verstehen. Lassen Sie uns also darauf achten, wo wir anderen Hoffnung schenken können, anstatt danach zu suchen, wo wir Hoffnung für uns finden.

Doch auch bei allem guten Willen können Sie die Anforderungen Ihrer Kinder nicht Tag und Nacht erfüllen. Sie schaffen es einfach nicht, jedem Wunsch nach einem Glas Fruchtsaft, nach einem offenen Ohr, nach liebevollen Streicheleinheiten gerecht zu werden. Manchmal sind Sie zu sehr mit anderen Dingen beschäftigt. Manchmal können Sie nicht in der Nähe sein. Manchmal sind Sie einfach zu müde, zerstreut und leer. Sie greifen in Ihren Vorrat an Weisheit und Geduld und stellen fest, da ist nichts mehr, womit Sie die Bedürfnisse Ihrer Kinder stillen oder ihre Probleme lösen können.

Seit wir Kinder haben,
haben meine Frau und ich unser Leben
Christus neu übergeben und uns einer Gemeinde angeschlossen,
in der wir mitarbeiten.

Das Gleiche gilt für Ihre Beziehung zu Ihrem Ehepartner. Sie sind nicht immer liebevoll, nicht immer freundlich, nicht immer vergebungsbereit, nicht immer für sie oder ihn da, wie die vertrauten Bibelverse das verlangen. Vielleicht haben Sie sogar solch einen Spruch gerahmt an der Wand hängen. Jeden Tag, wenn Sie durch Ihren Hausflur gehen, können Sie lesen:

Die Liebe ist
geduldig und freundlich.
Sie ist weder verletzend noch auf sich selbst bedacht,
weder reizbar noch nachtragend.
Sie freut sich nicht am Unrecht,
sondern freut sich, wenn die Wahrheit siegt.
Diese Liebe erträgt alles, sie glaubt alles,
sie hofft alles und hält allem stand.
1. Korinther 13,4–7 (HfA)

Wenn Sie diese Verse lesen, merken Sie, dass das Wort *alles* Ihnen zu schaffen macht. Denn Sie können nun einmal nicht alles ertragen, glauben, hoffen und allem standhalten. Manchmal sind Sie egoistisch. Manchmal sind Sie grob. Manchmal sind Sie schrecklich stur und bestehen auf Ihrem Recht.

Wo ist also Hoffnung, wenn Sie es nicht schaffen?

Sie werden erfahren, dass schlechte Zeiten Ihre Liebe viel tiefer werden lassen als die guten Zeiten. Sie müssen nur Gott in Ihrer Ehe wirken lassen.

***

Seit wir Eltern geworden sind, beten wir mehr zusammen (weil es notwendig ist).

***

Wenn ich Hilfe in unserer Ehe brauche, wende ich mich Gottes Wort zu.

Hier finden Sie bleibende Hoffnung. Sie werden feststellen, dass Sie die Hoffnung, die Sie brauchen, weder bei Ihren Kindern, noch bei Ihrem Ehemann oder Ihrer Ehefrau finden können. Und genauso wenig können Sie deren Hoffnung sein.

Das hat einen ganz einfachen Grund. Der Grund heißt *Sünde*. Die Sünde ist Teil unserer menschlichen Natur. Wir sind unvollkommene Menschen in einer unvollkommenen Welt und können aus uns selbst nichts Gutes tun. Nur Gott ist vollkommen. Doch er kann die Unvollkommenheit nicht ertragen. Deshalb trennt uns unsere Sünde von ihm, von der wahren Quelle, die uns Hoffnung geben kann.

Aber hier kommt die gute Nachricht: Gott liebt uns und will mit uns in Beziehung treten. Darum hat er sich diesem Problem mit der Sünde angenommen und seinen Sohn, Jesus, am Kreuz sterben lassen. Durch seinen Tod wurde Ihre Schuld bezahlt, wodurch schließlich alle Unvollkommenheiten in Ihrem Leben bereinigt und vergeben werden. Sie brauchen Gott nur darum zu bitten. Wenn Sie die Tatsache begreifen, dass nicht ständig Sie Ihren Kindern Hoffnung spenden müssen oder Sie für sich die benötigte Hoffnung von Ihrem Ehepartner erwarten können, werden Sie bereit sein, *nach oben zu schauen*.

Sollten Sie am Ende Ihrer Kräfte und Möglichkeiten sein und den Anforderungen Ihrer Lieben nicht mehr gerecht werden können, wenden Sie sich an Gott und empfangen Sie seine Hoffnung durch das folgende schlichte Gebet:

Lieber Herr Jesus, ich brauche Hoffnung. Wenn ich nach unten schaue, sehe ich nichts als die Verantwortung für meine Kinder. Sie können mir nicht das geben, was ich brauche. Ich kann ihnen nicht geben, was sie brauchen. Wenn ich hochblicke, sehe ich die Bedürfnisse meines Ehepartners. Doch ich kann nicht das aufbringen, was ich für ihn brauche. Ich kann ihn nicht immer lieben, wie ich es möchte. Meine Liebe ist unvollkommen. Ich glaube, dass du am Kreuz für meine Sünde und Unvollkommenheit gestorben bist. Bitte, komm du in mein Leben als mein Erlöser. Ich mache mich bei dir, der Quelle meines Lebens, fest. Ich hänge mein Leben an dich und an sonst niemanden. Bitte, komm in mein Leben und baue eine Beziehung zu mir auf. Amen.

Sie dürfen sicher sein, dass Sie, sobald Sie dieses Gebet gerade so, wie Sie es hier lesen, gesprochen haben, einen neuen Grund der Hoffnung gewinnen. Vielleicht verspüren Sie nicht sofort eine Veränderung, aber Sie können mit dem Versprechen zu leben beginnen, dass Jesus Sie liebt und dass er Ihnen Tag für Tag helfen will. Sie brauchen sich nicht mehr zu fragen, wo Sie Hoffnung und Stärke schöpfen sollen. Ihre Ehe war bereits von vorneherein dazu bestimmt, partnerschaftlich mit Ihrem Ehemann oder Ihrer Ehefrau und mit Jesus als Ihrem Führer zu leben.

Was einer Ehe bleibende Hoffnung vermittelt

Ehepaare, die sich an Gott als die Quelle ihrer Hoffnung anschließen, verändern sich persönlich, als Paar und als Eltern. Sie werden nicht mehr verzweifelt versuchen füreinander „alles“ zu sein und darin letztlich versagen. Vielmehr werden Sie durch ihre wachsende Abhängigkeit von Gott bevollmächtigt, einander mehr und besser zu lieben. Ein Ehemann gestand uns einmal: „Lange Zeit habe ich geglaubt, meine Frau müsse mich glücklich machen, bis ich erkannte, dass das gar nicht in ihrer Verantwortung liegt. Ich muss mich Gott zuwenden. Er ist meine tägliche Kraftquelle. Und dafür bin ich selbst verantwortlich.“

Da wir unsere Kinder gemeinsam erziehen, sehen wir in Gott die Kraftquelle, die wir für diese Aufgabe brauchen.

***

Wir müssen in eine gute Gemeinde eingebunden sein.

Aus verschiedenen Gründen stärkt bleibende Hoffnung Ihre Ehe und lässt sie reifen.

Interne Wirklichkeit beeinflusst externe Beziehungen

„Die Ehe ist eine göttliche Einrichtung. Die Gesellschaft hat die Ehe nicht erfunden. Sie hat sich auch nicht aus der Gesellschaft heraus entwickelt. Die Ehe ist ein Gedanke Gottes", so Billy Graham.[1] Die Ehe ist also das irdische Modell der himmlischen Beziehung von Gottes Liebe zu uns. Sobald wir uns Gott als der Quelle der Hoffnung für unsere Ehe anschließen, werden wir von innen heraus verändert. Indem wir Gott erlauben, dass er uns liebt und unseren Ehepartner durch uns liebt, drücken wir mehr von der in 1. Korinther 13 geschilderten Liebe aus, als wir uns das vorstellen können.

Diese innere Wirklichkeit verändert unseren Blick für unsere äußeren Lebensumstände. Dazu gehört auch unsere Ehe. Neil Clark Warren erklärt das wie folgt:

> *Die Welt, in der wir tagtäglich leben – wir nennen sie die materielle Welt – umfasst zum großen Teil die äußere Welt – die sich außerhalb unserer Haut befindet. Wollen wir eine gute Ehe ausschließlich in der materiellen Welt gründen, ist ihr Fundament brüchig.*
> *Spiritualität umfasst unser Innenleben. Sie ist auf dem Wunsch nach einem tieferen Verständnis gegründet, nach einem klaren Empfinden für grundlegende und ewige Dinge.*
> *Diese Bewegung weg von der materiellen Welt und hin zum Reich Gottes bringt eine Ehe aus der Oberflächlichkeit in die Tiefe, vom Augenblicklichen zum Ewigen, von zwei unterschiedlichen Indivi-*

duen zu zwei Menschen, die „ein Fleisch" werden. In diesem Prozess wird ihre Beziehung fester, weiter, farbenreicher und befriedigender.[2]

Ich brauche Hoffnung von meinem Mann, keine Logik und Sachlichkeit.

***

Da wir uns ständig verändern und wachsen, werden wir immer wieder unausgeglichen sein.

***

Ich versuche mit Herz und Verstand die Bedürfnisse meines Mannes über die Bedürfnisse der Kinder zu stellen.

Bleibende Hoffnung definiert die Bedürfnisse einer Ehe neu

Wir haben in diesem Buch von sechs grundlegenden Bedürfnissen einer Ehe mit Kindern gesprochen und von den Möglichkeiten, diese Bedürfnisse zu erkennen und ihnen zu begegnen. Wer Gott in den Mittelpunkt der Anforderungen stellt, die durch diese Bedürfnisse verursacht werden, erhält eine veränderte Perspektive. Wir sehen die Bedürfnisse der Ehe anschließend in einem ganz neuen Licht, weil Gott uns Hoffnung schenkt, die unser Verhalten und unser Herz verändert. Lassen Sie uns alle sechs Bedürfnisse noch einmal einzeln anschauen und sehen, was passiert, wenn wir uns als Ehepaar mit Gott verbinden und aus seiner Hoffnung leben.

So wie wir unsere Frauen lieben können, weil Gott uns geliebt hat, so sind wir auch in der Lage, unsere Kinder zu lieben, weil wir unseren Ehepartner lieben. Für eine gesunde Ehe ist es sehr wichtig, dass wir diese Liebesbeziehungen im richtigen Licht sehen.

***

Das Staunen in den Augen unserer Kinder, wenn sie Neues in ihrer Welt entdecken, ist für uns das Schönste in unserer Ehe.

Ausgeglichenheit. In einem Ehe-Mobile ist das Paar durch ihre Herzensverbindung miteinander verbunden. Sind beide darüber hinaus an Gott gebunden, entsteht eine neue Stabilität. Das Leben bringt zwar immer wieder Veränderungen – die Lebensumstände ändern sich, Gefühle ändern sich, Menschen verändern sich – doch Gott ändert sich nie. Der Blick auf ihn als stabile Richtschnur bringt Gleichgewicht in eine Ehe.

Verbindlichkeit. Wir lernen in einer Ehe mit Kindern, dass Verbindlichkeit Arbeit an der Liebe bedeutet, vor allem dann, wenn wir uns nicht danach fühlen zu lieben. Diese Arbeit liegt uns nicht sehr und geht uns auch nicht leicht von der Hand.

Bereits in der Bibel wird die erste schwierige Liebesgeschichte der Welt zwischen Adam und Eva beschrieben. Als beide von dem Baum der Erkenntnis gegessen hatten, wurden ihnen plötzlich die Augen für die Realitäten des Lebens geöffnet. Sie entdeckten, dass ihre Ehe nicht perfekt war. Sie stellten plötzlich Fehler an dem geliebten Menschen fest, spürten ihre eigene Unzulänglichkeit und den Stress, den Arbeit und Familie verursachten. Wie wir aber in dem Buch *Love Storys God Told* (Liebesgeschichten von Gott erzählt) lesen können, hat Gott Adam und Eva nicht verlassen.

> *Ihre Ehe war nicht perfekt, aber Liebe war noch möglich, und das ist die Hoffnung, die durch die Generationen widerhallt. Wenn die paradiesischen Glücksgefühle verrauscht sind, verspricht eine andere Art der Liebe Geborgenheit, Vergebung, Heil und Hoffnung. In der vertrauten Umarmung unseres geliebten Ehepartners hören wir, wie Gott noch einmal spricht: „Siehe, es ist alles gut!" Und wir empfinden neue Kraft, unsere Aufgaben gemeinsam anzupacken.*[3]

Wechselseitige Abhängigkeit. Es entsteht eine Interdependenz, wenn zwei unabhängige Menschen feststellen, dass Sie voneinander abhängig sind. Diese wechselseitige Abhängigkeit ist unbewusst und wir geraten in Schwierigkeiten, wenn wir auseinander streben und auf unseren eigenen Weg bestehen oder wir Dinge sagen und tun, die die Bedürfnisse und Gefühle unseres Ehepartners nicht berücksichtigen.

Unsere nach Unabhängigkeit strebende Haltung verändert sich jedoch, sobald wir einsichtig werden und unsere völlige Abhängigkeit von Gott erkennen. Die Bibel nennt diese Abhängigkeit „am Weinstock bleiben“. Darunter versteht man eine vitale, Leben spendende Beziehung zu Gott, die es möglich macht, dass wir einsehen, wie sehr wir einander brauchen und wie sehr wir die wechselseitige Abhängigkeit gerade in der Ehe brauchen. Jesus sagt dazu: „Ohne mich könnt ihr nichts tun“ (Johannes 15,5).

Intimität. Intimität ist ein Gefühl der Nähe, das aus dem Verständnis des Herzens und der Seele eines anderen entsteht. In unserer Diskussion über Intimität sprachen wir von verschiedenen Bereichen, in denen Verheiratete Intimität erleben und erfahren. Gott hat uns vor allem als seine Kinder erschaffen, zu denen er Nähe sucht. Unsere Beziehung zu Gott schafft die stärkste und tiefgehendste Intimität, die auf dieser Welt überhaupt möglich ist. Nicht zuletzt hat uns Gott versichert, dass er uns bereits „vor Erschaffung der Welt geliebt hat, für uns in die Welt gekommen ist und uns nun zu sich einlädt, damit wir seine Liebe erfahren“.[4]

Diese himmlische Intimität ist für uns eine Quelle göttlicher Liebe. Sie macht es möglich, dass wir eine tiefere Intimität auch innerhalb unserer Ehe erleben. Schließlich hat Gott die sexuelle Intimität für die Ehe vorgesehen. Er möchte, dass Mann und Frau sich körperlich so sehr aneinander freuen, wie es in der Bibel im *Hohenlied der Liebe* beschrieben wird. Hier zwei Beispiele daraus: „Stärkt mich mit Rosinenkuchen, erfrischt mich mit Äpfeln, denn ich bin krank vor Liebe! Sein linker Arm liegt unter meinem Kopf, und mit dem rechten hält er mich umschlungen“ (Hoheslied 2,5–6) und „Nur mir gehört mein Liebster, und ich gehöre ihm, dem Hirten, der seine Schafe auf Wiesen voller Lilien weidet“ (Hoheslied 6,3).

Ziele. Das Ziel ist, Sinn und Zweck unserer Ehe festzulegen. In diesen Prozess sind alle Lebensbereiche eingeschlossen, die mit der Ehe zusammenhängen wie Familie, Erziehung der Kinder, Geldangelegenheiten, unsere Werte und Prioritäten. Wir gewinnen eine himmlische Sichtweise und starke Vision von dem, wer wir sind und wer wir sein sollten, wenn wir uns dabei der Zielrichtung Gottes und seinem Wort anschließen. Fragen Sie sich selbst: „Warum hat Gott gerade uns als Ehepaar zusammengeführt? Was sollen wir als Familie darstellen?“ Vielleicht entspricht gerade der folgende Bibelvers Ihrer Zielrichtung: „Ich aber und mein Haus, wir wollen dem Herrn dienen“ (Josua 24,15). Wenn Sie als Ehepaar Ihre Ziel- und Sinnfindung bei Gott festmachen, werden Sie einen Ort finden, an den Sie in den Wirren Ihres Lebens immer wieder gemeinsam zurückkehren können.

Hoffnung. Mit Gott als unserem Hoffnungsträger bleiben wir an eine ewige, unveränderliche, liebende, richtungsweisende, persönliche Quelle der Inspiration und Stärke angeschlossen. Mit Gott als Richtschnur unseres Ehe-Mobiles bleiben wir als Ehepaar mit seiner unwandelbaren Zusage verbunden, dass wir mit ihm gemeinsam alles durchstehen werden, was auf uns zukommt. Wir blicken in die Zukunft und Ewigkeit und wissen: Das Schönste kommt noch!

Bleibende Hoffnung vertieft die Intimität. Alles, was an Gott festgemacht wird, nimmt an Bedeutung zu. Das gilt besonders für die Ehe. Die tiefste Intimität ist die geistliche Intimität und wird von H. Norman Wright als „Wunsch des Herzens, nahe bei Gott zu sein und unser Leben seinen Anweisungen zu unterordnen“[5], bezeichnet. Der Gedanke einer geistlichen Intimität wird in dem Buch *The Spiritually Intimate Marriage* (Die geistlich verbundene Ehe) ausgeführt, wo diese Idee wie folgt beschrieben wird: „Wo ein Ehepaar sein geistliches Leben miteinander vor Gott teilen kann, entsteht eine innige Gemeinschaft mit dem Partner.“[6]

Wie in Ihrer Ehe geistliche Intimität wachsen kann

Die Erfahrung zeigt, dass ein Ehepaar seine Liebe und sein Potenzial an bleibendem Glück vertieft, wenn Mann und Frau ihr geistliches Leben miteinander teilen. Wie aber kann ein Paar geistliche Intimität entwickeln? Wir zeigen im Folgenden einige Wege auf:

Greifen Sie durch Ihre Kinder das Geschenk der Hoffnung auf

Kinder lassen uns hoffen. Sie verschaffen uns zwar keine Hoffnung und sind auch kein *Grund* der Hoffnung, aber sie tragen Geschenke der Hoffnung in unsere Ehe. Das hilft einem Ehepaar, sich den Herausforderungen und Zeiten von Veränderungen zu stellen. Immerhin ist Hoffnung die Fähigkeit, über das, was ist, hinauszublicken auf das, was werden kann.

Kinder spornen uns an. Wo Kinder sind, wird härter an der Ehe gearbeitet. Es geht nicht mehr allein um uns als Paar; es geht um die Existenz und das Leben unserer Kinder und ihre Zukunft. Weil wir Kinder haben, sind wir gehalten, unsere Lebenseinstellung und unsere Entscheidungen mit größerem Ernst und mehr Bestimmtheit zu treffen, wo uns der Sturm um die Ohren braust.

Je länger wir verheiratet waren, umso besser wurde unsere Ehe.
Wir haben unsere Übereinstimmungen und Differenzen besser verstanden.
Wir versuchen nicht mehr, einander zu verändern.

Kinder machen uns umgänglicher. Die Kinderärztin Diane Komp arbeitet intensiv mit Kindern aller Altersstufen und schreibt: „Bei Kindern gibt es die schöne Möglichkeit der Versöhnung, die bei Erwachsenen so nicht immer möglich ist. Kinder zwingen uns dazu, unsere Fehler einzugestehen.“[7] Kinder entschuldigen sich sehr schnell und nehmen auch schnell eine Entschuldigung an, damit es gleich weitergehen kann. Ihre Art, auch unsere Unzulänglichkeiten unerschrocken zu akzeptieren, ist ein wunderschönes Modell für uns, das wir als Ehepaar in unserem Alltag anwenden sollten. Wie viel können doch wir von ihnen lernen!

Vergeben lernen

Die Eheberater Les und Leslie Parrott sagen, dass Unversöhnlichkeit die positive Entfaltung einer Ehe mit am stärksten behindert. Sie schreiben:

> *Eine „Wurzel allen Übels“ ist der Groll. Die Erinnerung an Verletzungen in der Vergangenheit wird zum Unrecht in der Gegenwart, wenn wir sie in unseren Gedanken immer wieder abspulen lassen. Verletzungen von gestern werden durch die Enttäuschung von heute genährt. Wir holen sie wieder hoch. Wir lassen sie nicht ruhen. Wer seinen Groll nährt und dadurch am Leben erhält, setzt den Frieden seiner Gedanken – ganz zu schweigen von dem Frieden mit seinem Ehepartner – aufs Spiel. Und warum riskieren wir das? Die Antwort findet sich in einer falschen Hoffnung. Wir lassen das uns zugefügte Unrecht wieder und wieder wie einen Film abspulen. Wir hoffen, dass wir auf diese Weise unsere Rechtfertigung erhalten, wenn wir vorführen, wie schlecht der andere uns behandelt hat.*[8]

Haben wir erst einmal erkannt, dass wir uns nicht selbst durch Unversöhnlichkeit rechtfertigen können und uns stattdessen an Gott, als der Quelle des Friedens, anschließen müssen, werden wir freier, anderen zu vergeben. Denn was kann ich schon gewinnen, wenn ich an meiner Unversöhnlichkeit festhalte? Und was kann ich verlieren?

Vergebung in der Ehe bedeutet, dass ich mich zuerst mit meinen Verletzungen an Gott wende und dann in zweiter Linie an meinen Ehepartner. Henri Nouwen erinnert uns in seinem Buch *Leben hier und jetzt*, wie Jesus mit Wunden, die andere ihm zugefügt haben, umgegangen ist. „Lasst eure Ankläger gehen. Vergib dem, der dich nicht richtig geliebt hat. Überwinde deine gekränkten Gefühle, weil du zurückgewiesen wurdest. Und vertraue mutig, dass du nicht in einen Abgrund der Leere stürzen wirst, sondern in die sicheren Arme Gottes fällst. Seine Liebe wird alle deine Wunden heilen.“[9]

Vergebung in der Ehe bedeutet ebenso, uns daran zu erinnern, dass auch wir Vergebung brauchen. Niemand liebt vollkommen; jeder braucht an einigen Stellen Vergebung – wahrscheinlich mehrmals täglich! Ihr Mann hat vielleicht Ihr Steak zu scharf gebraten, obwohl

Sie es zart und rosig mögen. Und Ihre Frau hat das Salzgebäck vergessen, obwohl Sie vorm Einkaufen extra darum gebeten hatten. Und wenn uns nicht danach ist, schnell zu vergeben, sollten wir uns Zeit nehmen und darüber nachdenken, wo wir selbst Vergebungsbereitschaft brauchen. Wer gelernt hat, seine Wunden von Jesus behandeln zu lassen und anschließend dem Ehepartner zu vergeben, wie Jesus uns vergeben hat, der erlebt in seiner Ehe geistliche Intimität.

Gehen Sie gemeinsam zum Gottesdienst

Man hat festgestellt, dass Paare, die mindestens einmal im Monat zusammen zum Gottesdienst gehen, ihre Chancen, ein Leben lang zusammenzubleiben, erhöhen. Andrew Greely hat sich mit verheirateten Paaren beschäftigt. Er sagt: „Paare, die gemeinsam beten, sind die glücklichsten Paare."[10]

Für eine junge Familie ist es sehr, sehr wichtig, dass sie eine Gemeinde findet, der sie verbindlich angehören will. Sprechen Sie mit Ihren Freunden darüber. Besuchen Sie verschiedene Gemeinden und achten Sie darauf, wo Ihre Kinder sich wohl fühlen können. Suchen Sie nach einer Gruppe familienfreundlicher Christen, die für Ehepaare mit kleinen Kindern Verständnis zeigen und Programme anbieten, die sich für junge Familien eignen. Besuchen Sie einen Kreis junger Mütter oder eine Elterngruppe und sagen Sie anderen Familien davon weiter.

Seit wir Kinder haben, brauchen wir für unsere Ehe vor allem gemeinsame Gebetszeiten. Ich war krank und gleichzeitig auch eines der Kinder. Wir hörten auf zu beten und fingen an zu jammern und uns ging es miserabel – bis wir erkannten, was wir taten. Dann fingen wir wieder an zu beten und alles veränderte sich, vor allem unsere Herzen.

Beten Sie gemeinsam

Zur geistlichen Intimität gehört vor allem das Gebet. Indem wir als Ehepaar unsere Belastungen im Gebet vor Gott aussprechen, wachsen wir als Familie näher zusammen. Das Gebet erinnert uns daran, dass wir nicht allein auf der Welt sind, sondern an eine großartige Quelle angeschlossen sind. Gott kann alles zurechtrücken, was uns in die Quere kommt, wenn wir ihn nur um Hilfe bitten. Viele Ehepaare beten in der Kirche und Gemeinde miteinander. Wer auch daheim mit seinem Partner betet, erreicht eine neue Tiefe der Intimität.

Paare, die oft miteinander beten, bezeichnen ihre Ehe meist glücklicher als Paare, die nur gelegentlich miteinander beten. Außerdem erleben Ehepaare, die miteinander beten, zu 90 Prozent eine stärkere sexuelle Befriedigung als Paare, die nicht miteinander beten. Da das gemeinsame Gebet wegen der hohen Verwundbarkeit ein tiefes Vertrauen verlangt, bringt es ein Paar viel enger zusammen.[11]

Bleiben Sie dran – es lohnt sich!

Wenn Sie an Ihrem Ehe-Mobile baumeln, die lieben Kleinen Ihnen rechts und links an der Hand hängen und ein Sturm den anderen jagt, ist es kaum vorstellbar, dass das seelische Gleichgewicht je wiederhergestellt werden kann. Manchmal scheint die Ehe völlig aus dem Ruder zu laufen. Oder Sie wollen die Probleme, die Sie in Ihrer Ehe feststellen, nicht wahrhaben und machen sich etwas vor. Dann wieder gibt es Zeiten, da ist man wie taub und abgestumpft. Ihre Ehe wird jedoch, wenn Sie fest entschlossen sind, sich durch diese schwierigen Jahre hindurchzukämpfen, nicht nur eine neue Balance finden, sondern Sie werden gestärkt in die Zukunft gehen.

**Es gab eine Zeit, in der ich viel geweint habe,
weil ich dachte, unsere Ehe sei extrem schrecklich,
und mein Mann war sich dessen gar nicht bewusst.
Heute ist er aufmerksamer und erledigt liebevoll
und unerwartet viele Dinge.**

Sollten Sie entmutigt sein, sprechen Sie mit Menschen, die ähnliche Eheschwierigkeiten überstanden haben. Durch unsere Fragebogenaktion für Mütter und Väter mit kleinen Kindern haben wir erfahren, dass die meisten Paare sich an ältere Freunde wenden, die Christen sind, und sie um Rat für ihre Ehe fragen. Der Psychologe Robert Levenson hat sich mit Paaren beschäftigt, die 40 Jahre und länger verheiratet waren. Er hat dabei festgestellt, dass alte Ehepaare hervorragend wissen, wie man einander beruhigt und wie man von seinem Ehepartner Kummer fern hält. Sie gehen auch sanfter mit Konflikten um als jüngere Paare.[12] Ohne Frage können wir viel von älteren verheirateten Paaren lernen.

Beim Durchblättern verschiedener Bücher von Eheberatern haben wir so manches weise Zitat entdeckt, das es wert ist, bei verschiedenen Anlässen beachtet zu werden.

Verbindlichkeit

Es hat bei uns nie einen Zweifel über unsere aufrichtige Liebe zueinander und zu Gott gegeben. Wir waren beide von der gegenseitigen Glaubwürdigkeit überzeugt. Eifersucht und Scheidung war bei uns nie eine Möglichkeit, den Schwierigkeiten zu entfliehen.[13]

Wenn wir uns nicht Gott gegenüber, unserem Ehegelübde und einander verpflichtet gewusst hätten, hätten wir es vielleicht nicht geschafft. Ein Gelübde ist eine gute Grundlage, auf der die Liebe wachsen kann. Eine Ehe, die nur auf Emotionen basiert, gerät leicht in Schwierigkeiten.[14]

Gegenseitige Abhängigkeit

Wir haben uns einen Freiraum gelassen, in dem wir über unsere Gefühle und Gedanken reden und wo wir einander Verständnis und Unterstützung für Ideen und Aktivitäten schenken, die wir getrennt tun wollen. Wir geben einander die Freiheit, wir selbst zu bleiben.[15]

Wir übernehmen beide Verantwortung für unsere Beziehung – wir belasten nicht nur den anderen damit. Wir bestätigen einander oft und sagen: „Ich liebe dich." Wir berühren uns gern und bemühen uns sehr um einen Ausgleich zwischen dem, was wir gemeinsam unternehmen und dem was wir getrennt tun. Wir haben einander und vor Gott versprochen, dass wir zusammenbleiben wollen. Darum beten wir bei Problemen miteinander.[16]

Intimität

Mein Temperament als Mann hat häufig für beachtliche Disharmonie gesorgt. Im Laufe der Jahre ist das jedoch durch Gebet und Gespräch sichtlich besser geworden. Für uns war es sehr wichtig, die Verletzung und Verwirrung, die durch dieses Problem entstanden ist, in Worte zu fassen und darüber zu sprechen.[17]

In unseren mittleren und späteren Ehejahren habe ich als Frau wenig sexuelles Verlangen gehabt. Ich konnte auch keine Zärtlichkeit durch Berührung und Streicheln zeigen. Dadurch haben wir unsere Gefühle sehr verletzt. Durch heiße Diskussionen und durch Gebet haben wir dieses Problem gelöst. Wir haben uns neu verstehen gelernt. Das ist ein Geschenk Gottes.[18]

Ich wusste, er liebte kleine weiße Bohnen und Schinken und Vollkornbrot. Wenn wir es uns nett machen wollten, musste ich also kleine weiße Bohnen und Schinken und Vollkornbrot besorgen. Zurückblickend betrachtet würde ich heute, glaube ich, noch öfter Vollkornbrot kaufen![19]

Zielbestimmung

Greg und Jacki wollen folgende Ziele anstreben:
- unter allen Umständen einander ein Leben lang lieben,
- gemeinsam nach Sinn und Zufriedenheit suchen, wo immer sie zu finden sind,
- einander bei jeder Lebenswende helfen und ermutigen,
- die Kinder mit einem weiten Herzen und sehr persönlich lieben und sie weise erziehen,
- anderen und ganz besonders benachteiligten Menschen helfen,
- aktiv und begeistert auf Gottes Liebe und Führung antworten.[20]

Mein Mann ist Perfektionist. Da ich von Natur aus harmoniebedürftig und sehr friedliebend bin, habe ich ihn nur selten darauf aufmerksam gemacht, wie er sich an Dinge verschwendet, nur um sich gut zu fühlen. Damit habe ich mich schuldig gemacht. Der Weg aus der Sackgasse begann damit, dass ich mir die Wahrheit über mich und meinen Mann eingestanden habe. Nach Jahren des Gebets und der blinden Unterordnung musste ich etwas Neues wagen. Es war für mich außerordentlich schwierig, liebevoll und fest die Konfrontation auszuhalten. Aber ich sehe allmählich einen Erfolg.[21]

Hoffnung

Gott hat unsere Ehe gerettet. Wir hatten bereits unsere Scheidungsunterlagen zum Unterschreiben vor uns liegen, als wir Gott unser Leben neu zur Verfügung stellten. Wir beschlossen, unserer Ehe noch eine letzte Chance zu geben. Weil wir selbst schon alles ausprobiert hatten, überließen wir diese Chance Gott. Er hat ein Wunder an uns getan.[22]

Während unserer Ehe geriet unser geistliches Leben ins Wanken. Das wurde besonders deutlich, als vor etwa 30 Jahren einer von uns glaubte, wir würden eine viel tiefere Beziehung zu Christus bekommen, wenn wir unsere Ehepflichten für einige Zeit vernachlässigen würden. Als dieser Ehepartner durch Todesangst und Gebet feststellte, dass Selbstbeherrschung einige Übung braucht und dass der eigene Ehepartner nicht unbedingt zur selben Zeit auf dem geistlichen Höhepunkt war wie er, sondern sich tatsächlich erbärmlich vernachlässigt fühlte, schafften wir es mit Gottes Hilfe, die Wahrheit über uns aufzudecken.[23]

Ein wichtiger Rat, den wir Paaren weitergeben möchten: Seid offen und ehrlich! Behaltet euch lieb! Ich erinnere mich noch, wie ich zu meiner Frau sagte: „Wenn ich etwas falsch gemacht habe und du mich korrigieren willst, sprich mit niemandem darüber. Sprich zuerst mit mir." Und ich habe den Eindruck, sie hat sich immer daran gehalten.[24]

Zusammenfassung

Im Laufe der Jahre verändert sich jede Ehe durch die Stürme des Lebens. Jede Ehe hat ihr eigenes Bedürfnis nach Ausgeglichenheit und Verbindlichkeit, nach wechselseitiger Abhängigkeit und Intimität, nach bestimmten Zielen und Hoffnung. Mitten in den Wogen, die durch das Auf und Ab des Lebens entstehen, entdecken wir die Notwendigkeit, unser Ehe-Mobile bei Gott festzumachen.

Sind wir erst einmal mit dieser unveränderlichen, unerschütterlichen, soliden Richtschnur der Liebe und der Stärke verbunden, erkennen wir das große Potenzial einer Ehe. Gott schenkt Liebe und Stärke, die wir brauchen, um uns treu zu bleiben und enger zusammenzuwachsen. Er ermöglicht uns, dass wir einander immer stärker lieben. Kenneth Chafin schreibt dazu:

> *Menschen, die einander selbstlos lieben, können Dinge verändern. Menschen, die sich wirklich lieben, können Fehler machen und wieder neu miteinander beginnen. Menschen, die sich lieben, können überleben, ohne ihre eigene Meinung durchzusetzen. Menschen, die sich lieben, können sich aneinander anpassen. Diese verschiedenen Möglichkeiten der Liebe, die Mann und Frau täglich erproben, können eine zusätzliche Dimension für alle übrigen Beziehungen schaffen.*[25]

Wir können bleibende Hoffnung finden, wenn wir unsere Ehe Gott anvertrauen, der uns und unsere Ehe für die Zukunft formt. Er verspricht uns, dass das Schönste noch vor uns liegt.

Mobilmacher Nr. 1: Zum Schmunzeln

Die Hochzeit hat mir gefallen. Ladet mich zur Ehe ein.
Gott (Gefunden an einer Pinnwand)

Mobilmacher Nr. 2: Biblische Verheißungen für die Ehe

Gott hat die Ehe geschaffen

Gott, der Herr, dachte: „Es ist nicht gut, dass der Mensch allein lebt. Er soll eine Gefährtin bekommen, die zu ihm passt!“ 1. Mose 2,18 (HfA)

Zwei haben es besser

Zwei haben es besser als einer allein, denn zusammen können sie mehr erreichen. Stürzt einer von ihnen, dann hilft der andere ihm wieder auf die Beine. Doch wie schlecht steht es um den, der allein ist, wenn er hinfällt! Niemand ist da, der ihm wieder aufhilft! Wenn zwei in der Kälte zusammenliegen, wärmt einer den anderen, doch wie soll einer allein warm werden? Prediger 4,9–11 (HfA)

Bezieht Gott in eure Ehe mit ein

Einer kann leicht überwältigt werden, doch zwei sind dem Angriff gewachsen. Man sagt ja auch: „Ein Seil aus drei Schnüren reißt nicht so schnell.“ Prediger 4,12 (HfA)

Die Liebe kommt von Gott. 1. Johannes 4,7 (HfA)

Wir wollen lieben, weil Gott uns zuerst geliebt hat.
1. Johannes 4,19 (HfA)

Gott inspiriert zur Intimität

So ist mein Liebster, mein Freund. Hoheslied 5,16 (HfA)

Ich gehöre meinem Liebsten, und sein Herz sehnt sich nach mir. Hoheslied 7,10 (HfA)

Gott schenkt Stärke und gibt Halt

Die Freude am Herrn ist eure Stärke. Nehemia 8,10 (HfA)

Jesus Christus ist derselbe gestern, heute und in Ewigkeit. Hebräer 13,8 (HfA)

Mobilmacher Nr. 3: Definitionen der Hoffnung

- *Hoffnung ist eine Leidenschaft für das Mögliche.* Kierkegaard

- *Hoffnung ist die fröhliche, vertrauensvolle Erwartung des Guten.* Anonymous

- *Hoffnung ist die Fähigkeit, Zukunftsmusik zu hören und der Mut, zur Zukunftsmusik bereits in der Gegenwart zu tanzen.* Peter Kuzmic

- *Hoffnung heißt, beständig seinen Blick auf die ewige Welt richten.* C.S. Lewis

- *Hoffnung ist so wichtig für uns wie das Wasser für den Fisch, so lebensnotwendig wie die Elektrizität für eine Glühbirne, so elementar wie die Luft für einen Jumbojet.*[26] Charles Swindoll

- *Deine Zusage ist meine einzige Hoffnung.* Psalm 119,114 (HfA)

- *Aber alle, die ihre Hoffnung auf den Herrn setzen, bekommen neue Kraft.* Jesaja 40,31 (HfA)

- *Denn der Herr ist gut zu dem, der ihm vertraut und ihn von ganzem Herzen sucht.* Klagelieder 3,25 (HfA)

Hoffnung ist ...

Bei einem Besuch in London betrachteten wir gemeinsam mit zwei Ehepaaren, mit denen wir ab und zu reisen, ein ungewöhnliches Gemälde mit dem Titel „Hoffnung". Im Hintergrund sah man die vertrauten Konturen der Kontinente und Ozeane unserer Erde. Im Vordergrund saß eine hübsche Frau mit einer Harfe. Fast alle Saiten der Harfe hingen sang- und klanglos von der Harfe herunter oder lagen nutzlos auf dem Schoß der Dame. Nur eine Saite war gespannt. Einer unserer Freunde meinte, wie wenig von der Harfe noch in Takt sei und fragte: „Warum man dieses Gemälde wohl *Hoffnung* genannt hat?" Für mich war die Antwort klar. Hoffnung ist das Lied eines zerbrochenen Instruments. Es ist das Spiel auf dieser einen Saite und das Wissen, dass man auch damit noch Musik machen kann. Hoffnung gibt uns die Kraft, unsere Reserven entschlossen zu mobilisieren, und den Entschluss, unsere Lebensumstände zu verbessern. Hoffnung verwandelt. Darum: Die Liebe hofft alles.[27]

Mobilmacher Nr. 4: Wenn Mann und Frau Christen sind

Ermutigung zur geistlichen Intimität

Ein Paar, das geistliche Intimität anstrebt, muss die Grundlage des christlichen Glaubens an Jesus Christus teilen können. Eine sehr schöne Möglichkeit besteht zum Beispiel darin, dass Mann und Frau sich gegenseitig erzählen, wie sie zum Glauben gefunden haben. Dazu können folgende Fragen eine Hilfe sein:

- Wie standen deine Eltern zu Gott und Jesus, zur Kirche, zum Gebet und zur Bibel?
- Wo hast du zuerst etwas von Gott, von Jesus und über den Heiligen Geist erfahren? Wie alt warst du damals?
- Was wolltest du als Kind oder Teenager über den Glauben wissen? Wer hat dir deine Fragen beantwortet?

- Hast du als Kind Bibelstellen auswendig gelernt? Kannst du heute noch Bibelverse aufsagen?
- Welche Fragen hättest du Gott als Kind gestellt?
- Welche Fragen würdest du Gott heute stellen?
- Wurde in deiner Kindheit dein Glaube erschüttert? Hat das heute noch Auswirkungen auf deinen Glauben?
- Wie haben sich schwierige Zeiten auf deinen Glauben ausgewirkt, als du Kind oder Teenie warst?
- Hast du schon einmal eine wichtige Glaubenserfahrung gemacht?

Gemeinsam beten

Das gemeinsame Gebet ist möglicherweise die stärkste Bindung zwischen Ehepartnern. In seinem Buch *Einander verstehen* schreibt Paul Tournier:

> *Das sind glückliche Paare, die erkennen und begreifen, dass ihr Glück ein Geschenk des Himmels ist und die Gott auf Knien für die Liebe danken, die er ihnen ins Herz gesenkt hat, die ihm für die Kinder danken, die er ihnen anvertraut hat und für alle Lebensfreude, aber auch für jeden Fortschritt in ihrer Ehe durch die harte Schule gegenseitigen Verständnisses.*[28]

Zu Anfang kann es einem beim gemeinsamen Beten ganz schön unbehaglich werden. Wir geben Ihnen deshalb einige Tipps, wie man mit dem gemeinsamen Beten beginnen kann, wie man dabei von seinem Ego wegsieht und sich Gottes Gegenwart bewusst macht.

- Verabreden Sie gemeinsam eine feste Gebetszeit. Vielleicht gleich am Morgen oder am Telefon, wenn die Kinder ihr Mittagsschläfchen halten. Verabreden Sie sich einmal in der Woche oder am Sonntagabend zu einem Spaziergang oder einer Autofahrt, bei der Sie miteinander beten – je nachdem, was bei Ihnen passt. Sie müssen es nur tun.

- Lesen Sie gemeinsam die Bibel. Vielleicht beginnen Sie mit den Psalmen. Sprechen Sie über Lieblingsstellen und sagen Sie Ihrem Partner, wie dieser Vers Sie berührt.
- Besorgen Sie sich ein Gebetstagebuch, in dem Sie Ihre Anliegen notieren. Später können Sie nachblättern, was alles auf Ihre Gebete hin passiert ist.
- Machen Sie sich eine Gebetsliste.
- Sprechen Sie darüber, wie Gott Ihre Gebete in der Vergangenheit beantwortet hat.
- Lassen Sie sich ein paar Minuten Zeit für ein stilles Gebet.
- Beten Sie laut für Ihren Ehepartner, beten Sie für Ihre Ehe und für Ihre Kinder.

Helfen Sie einander beim geistlichen Wachstum

Ergänzen Sie folgende Sätze:

- Du könntest mir in meinem Glaubenswachstum helfen, wenn ...
- Ich fühle mich beim Beten mit dir am wohlsten, wenn ...
- Wir könnten beide im Glauben wachsen, wenn ...
- Wir könnten Gott gemeinsam dienen, wenn ...
- Wir könnten Gott in unserer Ehe durch ________________________ verherrlichen.

Mobilmacher Nr. 5: Wenn ein Ehepartner kein Christ ist

Gehen Sie davon aus, dass Sie glücklich werden. Erwarten Sie nicht, dass sie unglücklich werden und mit unüberwindlichen Problemen konfrontiert sind, weil Ihr Ehepartner keine gläubiger Christ ist. Wir bekommen vom Leben das zurück, was wir in es hineinlegen und von ihm erwarten.

Gehen Sie davon aus, dass Ihr Partner ein Verstandesmensch ist. Für Ungläubige ist die Bibel ein Buch wie jedes andere. Ihr Partner geht möglicherweise lieber ins Kino als in die Kirche. Sünde ist für ihn kein Thema. Ihr Christsein ist für ihn vielleicht beängstigend, verwirrend und bedrohlich.

Gehen Sie davon aus, dass Probleme zum Leben gehören. Vielleicht idealisieren Sie gern christliche Ehen und glauben, dass viele Alltagsprobleme dadurch entstehen, dass Ihr Partner nicht gläubig ist. Tatsache ist, dass viele Probleme, die Sie entdecken, in allen Familien vorkommen und nicht nur daraus resultieren, dass Ihr Partner kein bekennender Christ ist.

Suchen Sie nach Positivem. Schauen Sie sich die positiven Charakterzüge Ihres Ehepartners an. Was hat Sie vor allem anderen zu ihm hingezogen? Wie entwickelt sich Ihr Partner positiv weiter? Nennen Sie einiges, womit Ihr Mann/Ihre Frau Sie erfreut!

Seien Sie aufrichtig. Leben Sie Ihren Glauben überzeugend und ernsthaft. Was Sie tun oder unterlassen, formt die Meinung Ihres Ehepartners über Christen.

Seien Sie loyal. Machen Sie andere nicht darauf aufmerksam, dass Ihr Mann/Ihre Frau kein Christ ist. Sprechen Sie nicht unfreundlich über Ihren Ehepartner. Stellen Sie ihn oder sie in ein gutes Licht. Übrigens spiegelt die Art, wie Sie über Ihren Partner reden, Ihren Charakter wider.

Setzen Sie Gott an die erste Stelle. Es kann Zeiten geben, da muss man sich zwischen Gott und seinem Ehepartner entscheiden. Christen sind gehalten, Gott immer an die erste Stelle zu setzen. Fragen Sie sich jedoch vorher: Kann ich meinem Partner eine Freude machen, ohne dass ich mich damit aus meinem Christsein zurückziehe? Und denken Sie immer daran: Es besteht ein Unterschied zwischen Selbstgerechtigkeit und Gottes Gerechtigkeit.

Verlassen Sie sich auf Gottes Charakter. Letztendlich muss alles, was ein Christ tut, im Licht von Gottes Charaktereigenschaften betrachtet werden. Allzu oft schauen wir auf unsere Lebensumstände anstatt auf unseren Herrn. Nichts geschieht uns, das Gott nicht zulässt.[29]

Wie sich Ihr nicht gläubiger Ehepartner fühlen könnte

- eifersüchtig
- zurückgesetzt und verletzt
- unter Druck
- befangen
- gefühlsmäßig ausgegrenzt
- gleichgültig
- überfordert
- ängstlich
- widerwillig
- voller Groll
- ärgerlich
- ausgenutzt
- voller Vorbehalte
- feindselig[30]

Mobilmacher Nr. 6: Glaube, der eine Ehe befreit (und nicht einengt)

Der christliche Glaube soll uns frei machen. Leider wird er hin und wieder von Christen zur Kontrolle benutzt. Wo das geschieht, ist der Glaube nicht mehr biblisch und wird stattdessen ein zerstörerisches Mix aus falschem Ehrgeiz, kulturellem Chauvinismus und eigennütziger Selbstbehauptung.

Wahrscheinlich haben wir diese Art von „Religion“ schon einmal in einer Ehe beobachtet, obwohl sie eher subtil ist und oft kaum wahrnehmbar. Ein Beispiel: Ein Ehemann nimmt die christliche Autorität als Familienoberhaupt für sich in Anspruch, um sich Vorteile zu verschaffen und nicht um Gottes Willen zu entsprechen. Eine Ehefrau gibt vor, dem Reich Gottes zu dienen und nimmt an zahllosen Gemeindeveranstaltungen teil. Ihren Haushalt lässt sie dabei jedoch links liegen.

Es kann sich um ganz nichtige Anlässe handeln, wie damals in den 60er-Jahren, als sogar die Haarlänge von Kindern zum Glaubensbekenntnis erhoben wurde. Jung und Alt bemächtigte sich damals der Bibel um zu „beweisen", wer Recht hatte. Konflikte entstehen heute leider meist um schwerwiegendere Themen, die in einer Ehe starke Spannungen auslösen können. Dazu gehören:

- die Wahl der Kirchengemeinde
- unterschiedliche Lehrmeinungen
- persönliche Hingabe
- Häufigkeit des Gemeindebesuchs

Wie stark einige geistliche Auseinandersetzungen auch sein mögen, wenn sie mit der Bitte um Weisheit und Toleranz vor Gott getragen werden, kann der Herr eine neue gemeinsame Überzeugung schenken oder die Gnade, dass beide der „fehlenden Übereinstimmung zustimmen". Das Ergebnis wird eine geistliche Lebendigkeit sein, die Ihre Ehe befreit und Ihren Kindern ein überzeugendes Beispiel göttlicher Reife gibt.[31]

Mobilmacher Nr. 7: Wenn wir eines Tages vor Jesus stehen

Eines Tages werden wir vor Jesus stehen und jeder von uns muss Rechenschaft ablegen, wie gut wir unsere Freunde, unsere Familie, unsere Kinder, Menschen, die wir nicht einmal kennen und unseren Ehemann oder unsere Ehefrau geliebt haben.

Stellen Sie sich vor, wie Sie Gott bezüglich Ihrer Unterstützung gegenüber Ihrem Ehepartner Rechenschaft abgeben und bedenken Sie dabei:

- Lieben heißt, achten.
- Lieben heißt, ehren.
- Lieben heißt, zärtlich sein.
- Lieben heißt, treu sein immer und immer und immer und immer wieder.
- Lieben heißt, freundlich und dankbar sein.
- Lieben heißt, vergeben.
- Lieben heißt, investieren.
- Liebe drückt sich in Worten, Taten, Glauben und Anteilnahme aus.

Stellen Sie sich vor, Sie stehen vor Jesus und legen Rechenschaft darüber ab, wie Sie einander in den Ihnen von Gott gegebenen Gaben unterstützt haben!

- Wie können Sie zur tragenden Säule Ihrer Liebe werden?
- Wie können Sie sich zurücknehmen, damit Ihre Liebe wachsen kann?
- Wie können Sie Aufgaben übernehmen, um den Partner zum Dienst für den Herrn freizustellen?
- Wie können Sie, indem Sie sich zurücknehmen, die Begabung Ihres Partners hervorheben?

Eines Tages werden wir vor Jesus stehen und Rechenschaft ablegen, wie sehr wir den Menschen geliebt haben, der uns als Ehepartner auf dieser Erde zur Seite gestellt wurde.

Und nun lieben Sie einander mit dem Gedanken an Jesu Wiederkunft![32]

Mobilmacher Nr. 8: Erinnerungsfotos

Wer sich an den Segen der Vergangenheit erinnert, bekommt Hoffnung für die Zukunft. Viele Paare umgeben sich mit Fotos, die sie an schöne Stunden ihrer gemeinsamen Vergangenheit erinnern und ihre Liebe immer wieder entzünden. Stellen Sie zum Beispiel ein richtig schönes Foto von Ihrem Ehepartner an einen Platz, wo Sie es oft sehen – vielleicht auf Ihren Schreibtisch. Eine Frau beschreibt, wie Fotos Ihre Ehe auf verschiedene Weise stärken:

Meine Mutter kann sich an eine Zeit in ihrer Ehe erinnern, in der ihre Beziehung zu meinem Vater durch starken äußeren Druck belastet war. In dieser Zeit räumte sie einmal eine Schublade auf und entdeckte einen Stapel Fotos, die in ihren ersten Ehejahren aufgenommen worden waren. Eines dieser Fotos berührte ihr Herz und erfüllte sie mit einer großen Freude der Erinnerung. Dieses Foto sieht nach nichts aus. Es ist ein kleines Schwarzweiß-Foto, schlecht belichtet, nicht gut aufgenommen und mit der Zeit verblasst. Die Kragenecken des weißen Hemdes meines Vaters stehen ab, sein Schlips sitzt schief und in seinen Brillengläsern spiegelt sich der Blitz des Fotoapparats. In seinen Armen ruht eine meiner Schwestern, ein pummeliges Kleinkind mit hohen Schnürschühchen, das am Daumen lutscht.
Das Besondere an diesem Foto ist die Zeit, in der es aufgenommen wurde – eine Zeitspanne, als, wie meine Mutter berichtete, wir Kinder klein waren, sie und mein Vater sich sehr lieb hatten und das Leben für sie sehr viel versprechend aussah. Als meine Mutter einige Jahrzehnte später dieses Foto in einer vergessenen Schachtel fand, erinnerte sie sich, wie sehr sie und mein Vater sich geliebt hatten und wie diese Liebe sie durch ihre Ehe getragen hatte. An diesem Tag erneuerte sich ihre Liebe zu meinem Vater und entflammte aufs Neue trotz des bestehenden Drucks und der enormen Belastungen.[33]

Mobilmacher Nr. 9: Liebe ist . . .

Liebe ist das Herzstück jeder christlichen Tugend. Gerechtigkeit ohne Liebe zum Beispiel ist Gesetzlichkeit. Glaube ohne Liebe ist

Ideologie. Hoffnung ohne Liebe bedeutet, auf sich selbst fixiert sein. Vergebung ohne Liebe ist Selbsterniedrigung. Stärke ohne Liebe ist Rücksichtslosigkeit. Großzügigkeit ohne Liebe ist Extravaganz. Fürsorge ohne Liebe ist bloße Pflichterfüllung. Treue ohne Liebe ist Dienerschaft. Jede Tugend ist ein Ausdruck der Liebe. Keine Tugend ohne Liebe ist wirkliche Tugend, wenn sie nicht von Liebe durchdrungen oder umgeben ist.[34]

Fragen zur gemeinsamen Diskussion

- Erklären Sie mit eigenen Worten, was Hoffnung ist.
- Auf was setzen wir unsere Hoffnung? Auf gute Ferien? Einen gemeinsamen Abend? Was ist der Grund unserer Hoffnung?
- Wer ist unsere Hoffnung? Wie verstehen wir Gott?
- Wie sieht unsere geistliche Intimität aus?
- Wie können wir unsere geistliche Intimität vertiefen?
- Wie tragen unsere Kinder zu unserer Hoffnung bei?
- Welche Rolle spielt bei uns die Hoffnung, wenn wir einander vergeben?
- Wie gut läuft unser gemeinsames Gebet?

Anmerkungen

Einleitung

[1] Edith Schaeffer, *What is a Family?* (Revell, 1975), S. 22.

Ausgeglichenheit

[1] Carla Barnhill, „The Wonder of the First Year“ in: *Christan Parenting Today* (November/Dezember 1998), S. 32.
[2] Linda Burton, „Married Love: A Fond Salute“ in: *Welcome Home* (Dezember 1998), S. 7–8.
[3] „A Lens on Matrimony“ in: U. *S. News World Report* (21. Februar 1994), S. 68–69.
[4] Dr. Richard E. Matteson und Janis Long Harris, *What If I Married the Wrong Person* (Bethany House, 1996), S. 106.
[5] „The Seven Ages of the Married Cold“ in: *The Saturday Evening Post*.
[6] Frank Minirth et al., *Passages of Marriage* (Nelson Publishers, 1991), S. 8.
[7] ebd.
[8] Anna B. Mow, „The Discipline of Love“ in: *Entscheidung* (Juni 1998), S. 13.
[9] Elizabeth Cody Newenhuyse, „Are We Still in Love?“ in: *The Christian Reader*.
[10] Roberta Temes, „New Rules for Marital Unhappiness?“ in: *Psychology Today* (Mai 1981).
[11] „Marriage Season“ in: *Dads & Moms* (Februar 1985)
[12] William und Nancie Carmichael, *601 Quotes About Marriage & Family* (Tyndale House, 1998), S. 73.
[13] Greg und Erin Smalley, „How Children Change a Marriage“, in: *ParentLife*, S. 46.

[14] Aus Martha Manning, *Chasing Grace* (HaperCollins, 1996), S. 139–140. Mit Erlaubnis des Verfassers.
[15] Rob Parsons, *Die 60 Minuten für Ihre Ehe* (Projektion J).
[16] Willard F. Harley Jr, *The Four Gifts of Love* (Revell, 1998), 44–50.
[17] James Dobson, „The Marriage Killers“ in: *Focus on the Family* (Februar 1993), S. 7.
[18] Tom Mullen zitiert in Carmichael: *601 Quotes About Marriage & Family* (Tyndale House, 1998), S. 10.
[19] Mignon McLaughlin zitiert in Anne Ortlund: *Building a Great Marriage* (Revell, 1985), S. 163.
[20] Lillian Hellman zitiert in Ortlund: *Building a Great Marriage*, ebd., S. 179.
[21] Anne Morrow Lindbergh zitiert in Carmichael: *601 Quotes About Marriage & Family*, ebd., S. 23.

Verbindlichkeit

[1] Joy Jordan-Lake, *Grit and Grace* (Harold Shaw, 1997), S. 51.
[2] Carol Kuykendall, *A Mother's Footprints of Faith* (Zondervan, 1997) S. 57.
[3] Elizabeth Sherrill, „The Power of a Promise“ in: *Guideposts* (August 1998), S. 3.
[4] Anna B. Mow, „The Discipline of Love“, in: *Entscheidung* (Juni 1998), S. 13.
[5] Dr. James Dobson, *Love for a Lifetime* (Multnomah Press, 1993), S. 30.
[6] Tim Kimmel, „How would you Define ‘Love’?“ in: *Real Familiy Life* (September/Oktober 1998), S. 15.
[7] Philip Yancay, „My Legs Ache, But We Made It“ in: *Christianity Today* (April 1996), S. 104.
[8] John T. Gossett zitiert Anne Gottlieb, „The Secret Strength of Happy Marriages“ in: *McCall's* (Dezember 1990), S. 95–96.
[9] C.S. Lewis, *Mere Christianity* (Pardon, ich bin Christ) (Barbour and Company, 1952), S. 92.
[10] Mutter Teresa zitiert in Les and Leslie Parrott, *Love Is ...* (Zondervan, 1999), S. 14.

[11] Henri J. M. Nouwen, *Here and Now* (Crossroad, 1994), S. 78.

[12] Gary Smalley, „What Each Spouse Needs“ in: *Entscheidung* (April 1996), S. 17.

[13] Nicole Wise, „Best Things to Do for Your Marriage“, in: *Redbook* (Oktober 1997), S. 139.

[14] Philip Yancey zitiert in William and Nancie Carmichael, *601 Quotes About Marriage & Family* (Tyndale House, 1998), S. 81.

[15] Jon Rosemond, „Best Things to Do for Your Marriage“, in: *Wise*, S. 139.

[16] Gary Kinnaman, *Learning to Love the One You Marry* (Servant), S. 16.

[17] Harville Hendrix, Ph.D., *Getting the Love you Want* (HarperPerennial, 1988), S. xiii, xiv.

[18] Dr. James Dobson, *Love Must be Tough* (Word, 1983), S. 30–37, 41–50.

[19] Neil Clark Warren, Ph.D., *Forever My Love* (Tyndale House, 1998).

[20] Janis Abrahms Spring aus Beth Levine, „Crisis-Proof Your Marriage“, in: *Reader's Digest* (Oktober 1998), S. 48.

[21] Gary D. Chapman, „Serving the One You Love“ in: *Entscheidung* (Juni 1998), S. 17.

[22] Parrot, *Love Is ...*, ebd., S. 24

[23] Vicki Huffman, „Now and Forever“ in: *Virtue* (März/April 1997), S. 52.

[24] Dobson, *Love for a Lifetime*, ebd., S. 113.

[25] Anne Ortlund, *Building a Great Marriage* (Revell, 1985), S. 180.

[26] Ortlund, *Building a Great Marriage*, ebd., S. 180–82.

[27] Warren, *Forever My Love*.

[28] Ortlund, *Building a Great Marriage*, ebd., S. 82–83.

[29] Aus: *The Baptist Challenge*

[30] Aus Ruth Haley Barton, „You're Still the One – Stragies for Safeguarding Your Marriage“, in: *Today's Christian Woman* (November/Dezember 1998), S. 63–67.

[31] Ruth Bell Graham, „Train Our Love“, in: *Entscheidung* (Februar 1998), S. 39.

Wechselseitige Abhängigkeit

[1] Kathlee Hadley, „Labours of Love“, in: *Tatler* (Mai 1995).

[2] Toni Vogt, *Prism Weights Loss Program – Curriculum One* (1990), S. iii-iv.

[3] H. Norman Wright, *Seasons of Marriage* (Regal, 1982), S. 41.

[4] Joyce Brothers zitiert in Ken Levine, „How Well Do You Know Your Spouse?“, in: *Reader's Digest* (September 1987), S. 130.

[5] Kenneth Chafin, *Is There a Family in the House?* (Word, 1978), S. 57.

[6] Ruth Senter, *Have We Really Come a Long Way?* (Bethany House, 1997), S. 22.

[7] Danielle Crittenden, „The Argument Against Equal Marriage“, in: *Ladies' Home Journal* (February 1999), S. 76.

[8] Dr. Ed Wheat, *Love Life for Every Married Couple* (Zondervan, 1980), S. 30.

[9] Annnie Gottlieb, „The Secret Strength of Happy Marriages“, in: *McCall's* (Dezember 1990), S. 134.

[10] Chafin, *Is There a Family in the House?,* ebd., S. 59.

[11] Annie Chapman zitiert in Betty Malz *Making Your Husband Feel Loved* (Creation House, 1997), S. 35–36.

[12] Jim and Jeri White, „How to Keep the Weeds Away“, in: *Discipleship Journal* (14. Ausgabe 1938), S. 25.

[13] Elisabeth Cody Newenhuyse, „Are We Still in Love?“, in: *The Christian Reader*, S. 16.

[14] Gedicht von Ulrich Schaffer, *Wachsen und Reifen in der Liebe* (Kreuz).

[15] Gary Kinnaman, *Learning to Love the One You Marry* (Servant, 1997), S. 41.

[16] Joey O'Connor, *Women Are Always Right & Men Are Never Wrong* (Word, 1998), S. 233–34.

[17] Roy Croft, *Leaves of Gold*, herausgegeben von Clyde Lytle (Coslett, 1938), S. 80.

[18] Karen Scalf Linamen, *Pillow Talk* (LiebesLeben) (Baker Book House, 1996), S. 102–3.

[19] John Trent, „Leaving Before Cleaving“, in: *Parents Resource Bible* (Tyndale, 1995), S. 5.
[20] John Trent „Leaving Bevore Cleaving“, ebd., S. 5.

Intimität

[1] Bill und Lynne Hybels, *Fit to be Tied* (Ehe leben – Ehe lieben), (Zondervan, 1992).
[2] H. Norman Wright, *The Secrets of a Lasting Marriage* (Regal, 1995), S. 153.
[3] John T. Gossett zitiert in Annie Gottlieb, „The Secret Strength of Hapy Marriages“, in: *McCall's* (Dezember 1990), S. 134–35.
[4] Dr. J. Dobson, *Love for a Lifetime* (Multnomah Press, 1993), S. 32.
[5] Karen Scalf Linamen, *Pillow Talk* (LiebesLeben), (Baker Book House, 1996), S. 61.
[6] Debbie Anway, „Compfortable Love“. E-Mail an den Autor am 13. November 1998.
[7] Becky Freeman, *Marriage 911* (Broadman & Holman, 1996), S. 32.
[8] Neil Clark Warren, Ph.D., *Forever My Love* (Tyndale House, 1998).
[9] Dennis Rainey in Mike Yorky and Sanra P. Aldrich, *The Christian Mom's Answer Book* (Chariot Victor, 1998), S. 25.
[10] Nancy Vazquez, „Falling in Love with a Married Man“, in: *Welcome Home* (Februar 1998), S. 6.
[11] David and Claudia Arp, *Love Life for Parents* (Zondervan, 1998), S. 97.
[12] Joyce Maynard, „Life Without Father“, in: *McCall's* (August 1984), S. 78.
[13] Erma Bombeck „Together's Better“, in: *Reader's Digest* (Dezember 1993), S. 62–63.
[14] Naomi Levy, „Change Your Life ... Take a Day of Rest“, in: *Parade* (Oktober 11, 1998), S. 12.
[15] Levy, „Change Your Life...Take a Day of Rest“, ebd.
[16] Luciano de Cresenzo zitiert in Les und Leslie Parrott, *Love is ...* (Zondervan, 1999), S. 71.

[17] Walter Trobisch, *I Loved a Girl* (Ich liebte ein Mädchen), (Chapel Books, 1965), S. 65.
[18] Gary Smalley und John Trent, *The language of Love* (Focus on the Family, 1988), S. 77.
[19] Clifford Notarius aus Beth Levine: „Crisis-Proof Your Marriage", in: *Reader's Digest* (Oktober 1998), S. 47–48.
[20] Aus Les und Leslie Parrot: *Bring Home the Joy* (Zondervan, 1998), S. 130–37.
[21] Linamen, *Pillow Talk*, ebd., S. 205.
[22] Kenneth Chafin, *Is there a Family in the House?* (Word, 1978), S. 58–59.
[23] John Trent, Ph.D., *Love for All Seasons* (Moody Press, 1996), S. 134–35.
[24] Anne Ortlund, *Building a Great Marriage* (Revell, 1985), S. 69.
[25] Anna Roufos, „LHJ Solutions: Time-Tested Tips and Tricks", in: *Ladys' Home Journal* (November 1998), S. 77.
[26] Jim und Jeri White, „How to keep the Weeds Away", in: *Discipleship Journal* (14, 1983), S. 26.
[27] Arp, *Love Life for Parents*, S. 36–42.
[28] Neil Clark Warren Ph.D., *Learning to Live with the Love of Your Life and Loving It* (Traumehe), (Focus on the Family, 1995), S. 113–16.
[29] Charles R. Swindoll, „True Lovers Fight Fair", in: *Smart Families Magazine* (Herbst 1998), S. 8.
[30] Linamen, *Pillow Talk,* ebd., S. 100.
[31] Arp, *Love Life for Parents*, ebd., S. 113–19.
[32] John Powell S. J., *Unconditional Love* (Angus Communication, 1978), S. 66–68.

Ziele

[1] Kenneth Chafin, *Is There a Family in the House?* (Word, 1978), S. 18.
[2] Neil Clark Warren Ph.D., *Forever My Love* (Tyndale House Publishers, 1998).
[3] Antoine de Saint Exupery zitiert in Les und Leslie Parrot, *Love Is ...* (Zondervan, 1999), S. 10.

[4] Stephen R. Covey, *The Seven Habits of Highly Effective People* (Simon & Schuster, 1989), S. 98.

[5] Henri J. M. Nouwen, *Here and Now* (Crossroad Publishing, 1994), S. 68

[6] Warren, *Forever My Love*, ebd.

[7] Neil Clark Warren Ph.D., *Learning to Live with the Love of Your Life and Loving It* (Traumehe), (Focus on the Family, 1995), S. 141.

[8] Dr. Henry Cloud und Dr. John Townsend, *Raising Great Kids* (Zondervan, 1999), S. 25.

[9] James Dobson, „Focus on the Family", (Word, 1978).

[10] Elisa Morgan und Carol Kuykendall, *What Every Mom Needs* (Zondervan, 1995), S. 27.

[11] Covey, *The Seven Habits of Highly Effective People*, ebd., S. 129.

[12] Norman Wright, *Family is Still a Great Idea* (Servant 1992), S. 268.

[13] William and Nancie Carmichael, *601 Quotes About Marriage & Family* (Tyndale House, 1998), S. 131.

[14] Edith Schaeffer, *What is a Family?* (Revell 1975), S. 210.

[15] Rolfe Kerr zitiert in Covey: *The Seven Habits of Highly Effective People*, ebd., S. 106–7.

[16] J. P. und April Kent, *Wedding Letter*, 5. September 1998.

[17] Karen Scalf Linamen, „Family with a Purpose", in: *Today's Christian Woman* (Juli/August 1998), S. 56.

[18] ebd.

[19] Edith Schaeffer zitiert in Carmichael, *601 Quotes About Marriage & Family*, ebd., S. 260.

[20] Billy Graham zitiert in Carmichael: *601 Quotes About Marriage & Family*, ebd., S. 222.

[21] Gloria Gaither zitiert in *Joy for the Journey*, herausgegeben von Terrry Gibbs (Word, 1997), S. 137.

[22] Anonymous. Aus einem gerahmten Wandbild.

[23] H. Norman Wright, *The Secrets of a Lasting Marriage* (Regal, 1995), S. 77–79.

[24] Dolores Curran, *Traits of a Healthy Family* (Winston Press, 1983).

[25] Tim Kimmel zitiert in Wright: *Family Is Still a Great Idea*, ebd., S. 272.
[26] Aus Linamen, „Family with a Purpose", ebd., S. 55–57.
[27] Elisa Morgan, *Mom's Devotional Bible* (Zondervan, 1996) S. 261.
[28] Elisa Morgan and Carol Kuykendall, *What Every Child Needs* (Zondervan, 1997), S. 231.
[29] Cloud und Touwnsend, *Raising Great Kids*, ebd., S. 31–32.
[30] Larry Burkett zitiert in Ginger Ross Biss: „Till Debt Do Us Part", in: *Virtue* (März/April 1998), S. 31, 33.
[31] Danna Gehrke White, „Plan Finances Before Weddings", in: *Sunday Camera* (Juli 5, 1998), S. 2B.

Hoffnung

[1] Billy Graham: „Let God Design Your Marriage", (Lasst Gott eure Ehe gestalten) in: *Entscheidung* (Mai 1998), S. 2.
[2] Neil Clark Warren Ph.D., *Forever My Love* (Tyndale House, 1998).
[3] David und Heather Kopp, *Love Storys God Told* (Harvest House, 1998), S. 15.
[4] Brent Curtis und John Eldredge, *The Sacred Romance* (Nelson, 1997), S. 97.
[5] H. Norman Wright, *The Secrets of a Lasting Marriage* (Regal, 1995), S. 154.
[6] Donald R. Harvey, *The Spiritually Intimate Marriage* (Revell, 1991), S. 24.
[7] Diane Komp zitiert in Elizabeth Moll Stalcup, „Glimpses of Grace", in: *Virtue* (März/April 1998).
[8] Les und Leslie Parrott, *Love Is ...* (Zondervan, 1999), S. 60.
[9] Henri J. M. Nouwen, *Here and Now* (Crossroad Publishing, 1994), S. 45.
[10] Andrew Greely aus Les und Leslie Parrott, *Bring Home the Joy* (Zondervan, 1998), S. 200 u. 202.
[11] Les und Leslie Parrot zitiert in William und Nancie Carmichael, *601 Quotes About Marriage & Family* (Tyndale House, 1998), S. 30–31.

[12] Robert Levenson zitiert in Joannie M. Schrof, *U.S. News & World Report* (Februar 1994).
[13] Wright, *The Secrets of a Lasting Marriage*, ebd., S. 174.
[14] Neil Clark Warren Ph.D., *Learning to Live with the Love of Your Life and Loving It* (Traumehe), (Focus on the Family, 1995), S. 26.
[15] Wright, *The Secrets of a Lasting Marriage*, ebd., S. 172.
[16] Phyllis Wallace, „Love Starts Here", in: *Phyllis & Friends* (Januar 1999), S. 1.
[17] Wright, *The Secrets of a Lasting Marriage*, ebd., S. 175.
[18] ebd.
[19] ebd. S. 179–80.
[20] Warren, *Learning to Live with the Love of Your Life*, S. 22–23.
[21] Ginger Ross Biss, „Till Debt Do Us Part", in: *Virtue* (März/April 1998), S. 32.
[22] Warren, *Learning to Live with the Love of Your Life*, S. 150.
[23] Wright, *The Secrets of a Lasting Marriage*, S. 174.
[24] ebd, S. 176.
[25] Kenneth Chafin, *Is There a Family in the House?* (Word 1978), S. 64–65.
[26] Parrott, *Love Is...*, S. 79–80.
[27] Wright, *The Secrets of a Lasting Marriage*, S. 156–57.
[28] Paul Tournier, *To Understand Each Other* (John Knox, 1967), S. 59.
[29] Jo Berry, *Beloved Unbeliever* (Wenn du doch glauben könntest), (Zondervan, 1981), S. 134–42.
[30] Michael Fanstone, *Unbelieving Husbands and the Wives Who Love Them* (Servant, 1994), S. 61–76.
[31] Paul Lewis: „Faith That Frees a Marriage", in: *Dads Only* (Februar 1985).
[32] Quelle unbekannt.
[33] Karen Scalf Linamen, *Pillow Talk* (LiebesLeben), (Baker Book House, 1996), S. 89.
[34] Richard McBrain aus Parrott, *Love is ...*, ebd., S. 91.
[35] Wright, *The Secret of a Lasting Marriage*, ebd., S. 181–82.

NEUER SCHWUNG FÜR DIE FAMILIE

Ulrike Herrmann:

SO MACHT FAMILIE RICHTIG SPASS!

Gute Traditionen lebendig halten – Alternativen zu Fernsehen, PC und Co.

In den letzten 40 Jahren hat sich die Welt enorm verändert. Werbung, Fernsehen und das Internet beeinflussen besonders die Wertmaßstäbe unserer Kinder – und das nicht zum Guten! Doch dies lässt sich nur verhindern, wenn Eltern sich Zeit nehmen, um gemeinsam mit ihren Kindern Alternativen zu entwickeln.

Ulrike Herrmann liefert in diesem Buch eine Fülle an Tipps, wie man ein ansprechendes Freizeit- und Familienprogramm aufstellen kann. Da wird von Waldspaziergängen geschwärmt oder vom Drachenbau. Spannende Ausflüge an die See werden beschrieben, bei denen gemeinsam die Wunderwelt des Strandes erkundet wird.

Auch gute Traditionen leben wieder auf, wie zum Beispiel Familienandachten und das gemeinsame Nachtgebet. Und natürlich werden vielfältige Hilfen genannt, wie man seine Kinder zu selbstbewussten Menschen erzieht, die kritisch für sich das Beste aus dem vielfältigen Angebot herausfiltern.

Paperback, 200 Seiten, Bestell-Nr. 815 762

60 MINUTEN FÜR MUTTER UND KIND

Rob Parsons:

DIE 60-MINUTEN-MUTTER

Wie eine Stunde die Beziehung zu Ihrem Kind für immer verändert

Rob Parsons hat sich mit den unterschiedlichsten Müttern zusammengetan, um dieses Buch zu schreiben: berufstätige Mütter, „Nur-Hausfrauen", allein erziehende Mütter und „Oh nein, der Test ist positiv!"-Mütter schildern hier ihre Erfahrungen mit Freud und Leid des Mutterseins. Dabei geht es mit viel Humor, Selbstkritik und dem tröstlichen Gefühl „Ich bin nicht allein!" zur Sache.

Angesprochen werden die Themen, die jede Mutter bewegen: Loslassen, Schuldgefühle, beglückende Momente, bedingungslose Annahme, Überforderung und vor allem die große Frage: „Ich liebe meine Kinder ... aber ist es okay, wenn ich sie manchmal nicht *mag*?"

Wie schon in seinem Bestseller „Der 60-Minuten-Vater" zählt hier Qualität statt Quantität ... und so halten Sie Lesestoff für 60 Minuten in den Händen, der Ihre Einstellung zum Muttersein und Ihre Beziehung zu Ihren Kindern für immer verändern kann!

Paperback, 120 Seiten, Bestell-Nr. 815 745

EINE STUNDE FÜR VATER UND KIND

Rob Parsons:

DIE 60-MINUTEN-VATER

Wie eine Stunde die Beziehung zu Ihrem Kind für immer verändert

Ein Buch für Väter, das jede Mutter gelesen haben möchte!

Dieses Buch setzt erreichbare Ziele, die jedem Vater helfen können, die wichtigste Chance seines Lebens nicht zu verpassen:

- Starke Beziehungen aufbauen
- Wie gehe ich mit Zeitdruck um?
- Das Geheimnis des Lachens
- Grenzen setzen
- Die Macht des Lobes u. v. m.

Das Buch ist voller praktischer Vorschläge und zahlreicher Beispiele, die tief im Gedächtnis hängen bleiben. Es kann in etwa einer Stunde gelesen werden – aber das Leben Ihres Kindes für immer verändern.

Paperback, 120 Seiten, Bestell-Nr. 815 746